Gunter Steinbach

PFLANZEN ZEICHNEN

Ein Lernweg in zwölf Lektionen

Otto Maier Verlag Ravensburg

Die Zeichnungen dieses Bandes erstellten Anfänger, Lernende und Meister verschiedener Zeiten. Dem jeweiligen Textanliegen entsprechend zeigen die Beispiele nicht nur Vorbildliches; sie sollen auch Fehler und Schwächen verdeutlichen oder einfach ein Ergebnis aus vielen möglichen vorführen. Die als »Schülerarbeit« gekennzeichneten Motive entstanden aus Anlaß der im Buch gestellten Aufgaben. Darüber hinaus enthält der Band rund 80 Fotos. Sie wurden für die Zwecke des Lernweges aufgenommen und machen das Gemeinte ohne weiteres augenfällig. Ein Teil von ihnen kann auch als Zeichenvorlage dienen.

Die Originalausgabe erschien unter
demselben Titel im
Hörnemann Verlag
(ISBN 3-87384-473-7)

Umschlaggestaltung:
Werner Fichtner, Stuttgart
Druck und Verarbeitung:
Ebner Ulm
Printed in Germany

90 89 88 87 86   5 4 3 2 1

ISBN 3-473-43241-5

Inhalt

(1) Jan

Einführung

Vom Buntstift-Blümchen auf der Glückwunschkarte zur naturgetreuen oder künstlerischen Darstellung etwa einer Rose liegt ein Weg des Lernens. Mit den Erlebnissen einer zeichnerischen Ausbildung, die sich vor allem mit Pflanzen beschäftigt, ließen sich Bände füllen, doch käme ihnen keine allgemeine Verbindlichkeit für den Zeichenschüler zu: Kein Lernweg gleicht dem andern.

Wir haben zwölf grundlegende Gesichtspunkte des Pflanzenzeichnens zu einem Weg des Schauens und Übens aufgebaut. Schritt für Schritt werden Sie, lieber Leser, voranschreiten und Ihr Können an wachsenden Schwierigkeitsgraden steigern. Wir setzen zunächst keine zeichnerischen oder pflanzenkundlichen Kenntnisse voraus. Jedem, der ernsthaftes Interesse aufbringt, soll es möglich werden, einen guten, weiterführenden Anfang zu finden.

Eine Pflanze wächst nicht in Stunden und Tagen, sondern in Monaten oder Jahren heran und verlangt jedem, der sich mit ihren Lebenskreisen beschäftigt, Geduld ab. Ähnlich erfordert schon die handwerkliche Seite sachgemäßen Zeichnens Geduld und Ausdauer, weil sie nicht nur als eine einseitige Fertigkeit, sondern als eine umfassende Fähigkeit sich entfalten soll. Die anhaltende Zuwendung zur selbstgestellten Aufgabe kann, unabhängig vom Zweck des Zeichnens, den Dilettantismus überwinden und zu dem Ausdruck des Dargestellten führen, der die Zeichnung über die fotografische Darstellung erhebt. Im Gegensatz zu den bewegungsfreudigen Tieren machen es uns die Pflanzen als Vorlagen des Zeichnens leicht. Sie sind nahezu immer und überall verfügbar, sie halten still, sie stellen keine Ansprüche an ihren Betrachter.

Die in unseren zwölf Kapiteln angesprochenen Aufgabenkreise lassen sich weder vom Anfänger noch vom Fortgeschrittenen oder Könner jemals ausschöpfen. Das Steigern menschlicher Fähigkeiten kennt keine Grenzen. Dieses Buch kann in beliebiger Reihung seiner Teile benutzt werden. Für den Anfänger empfiehlt es sich allerdings, die zwölf Abschnitte wenigstens einmal vollständig durchzuarbeiten.

Gelten für das Zeichnen von Pflanzen andere Gesetze als für die zeichnerische Wiedergabe von Landschaften, Menschen, Stilleben, Gegenständen oder von Architekur? Die Bildgesetze sind für jedes »Zeichnen nach der Natur« die gleichen. Perspektive, Licht- und Schattenbehandlung, Bildaufbau und Zeichentechniken haben unabhängig von den zu erfassenden Objekten den gleichen Gegebenheiten zu folgen. Aber das für eine gute Wiedergabe wünschenswerte Einleben in den jeweiligen Gegenstand des Zeichnens erfordert unterschiedliche Kenntnisse und Stimmungen. Wer ein Ding mit Worten wahrheitsgemäß beschreiben will, muß den Gegenstand in dem ihm zugänglichen Rahmen verstehen. Seine Beschreibung kann nicht weiter reichen als sein Verständnis. Die gegenständliche Zeichnung ist eine Beschreibung ohne Worte. Sie kann in sehr kurzer Zeit und ohne Gedankenarbeit entstehen. Eine naturgetreue und objektiv richtige Darstellung einer Pflanze wird aber leichter auszuführen sein und besser gelingen, wenn der Zeichnende Grundkenntnisse vom Aufbau einer Pflanze hat. Solches Wissen muß nicht aus der Schule oder aus Sachbüchern stammen, es kann auch bei genauer Betrachtung und als Erfahrung mit Pflanzen erworben werden.

Wir ziehen pflanzenkundliche Begriffe und botanische Systematik nur so weit heran, als sie für das Pflanzenzeichnen unmittelbar nützen. Intensive zeichnerische Beschäftigung mit Pflanzen erweitert gleichsam nebenbei auch die botanischen Kenntnisse des Übenden. Trotzdem bleibt es für die Qualität einer Zeichnung ohne Belang, ob man weiß, wie die Blume, die man gerade darstellt, heißt oder welcher Familie sie angehört. Pflanzenkundliches Wissen soll deshalb kein Gegenstand unseres Kurses sein. Pflanzen sprechen den Zeichner unmittelbar durch ihre Gestalt an. Deshalb enthalten die Bildtexte in der Regel keine Artnamen dargestellter Pflanzen.

Schließlich darf ich noch auf unseren im gleichen Verlag und in gleicher Ausstattung erschienenen Band »Tiere zeichnen« hinweisen. Eine Reihe allgemeiner Probleme des Zeichnens nach der Natur wurden dort so ausführlich behandelt, daß ich auf eine Wiederholung im vorliegenden Band verzichten konnte; die Selbständigkeit beider Bände ist dadurch nicht gefährdet, das eine Buch setzt das andere nicht voraus.

Was immer Sie zeichnen oder zeichnen wollen, Ihre Bereitschaft, über längere Zeit regelmäßig zu üben, vergleichbar dem Zeitaufwand für das Erlernen eines Musikinstrumentes, bildet eine Voraussetzung für dauerhaft begründeten Erfolg. Könnerschaft baut nicht nur auf Begabung, sondern wesentlich auch auf Fleiß und Freude an gesammelter Arbeit. Liebevolle Hinwendung an das zu Zeichnende wäre die beste Wegleitung.

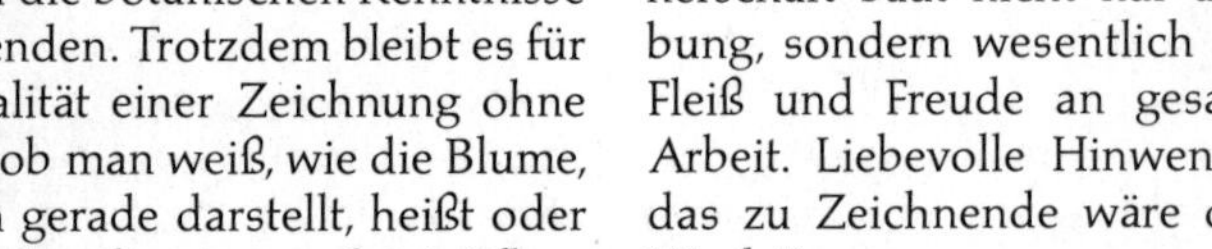

1 Pflanzen im Kopf

Sie brauchen: Papier, das gerade zur Hand ist, einen nicht zu harten Bleistift, notfalls tut's auch ein Kugelschreiber.

Aus der dürftigen Ausrüstung ersehen Sie, daß Sie sofort anfangen und mitmachen sollen. Als Papier eignen sich alle wenigstens einseitig leeren Blätter, am besten im Briefbogenformat, aber auch kleinere oder größere. Einen Radiergummi, das für viele Anfänger vermeintlich wichtigste Hilfsmittel, brauchen Sie nicht.

Ihr Blatt Papier liegt gut auf einer Schreibunterlage oder einfach auf anderen Blättern des Blockes. Als sehr praktisch erweisen sich Skizzenblöcke mit Spiralheftung: Reißen Sie die fertig gezeichneten Blätter nicht ab, sondern schlagen sie die einfach nach hinten. Sie können dann am besten Ihre Fortschritte verfolgen. Vorgedruckte Linien stören beim Zeichnen.

Ob Sie das können oder nicht: Zeichnen Sie jetzt, ohne zuvor ins Grübeln zu verfallen, ein *Löwenzahnblatt.* Blättern Sie bitte nicht weiter, widerstehen Sie auch dem Drang, schnell in den Garten oder auf eine Wiese zu gehen, um sich ein Exemplar dieser Pflanze zu beschaffen, ziehen Sie auch kein Buch zu Rate. Sie brauchen ja niemanden zu zeigen, was Sie bei Ihrem ersten Versuch zu Papier gebracht haben. Jeder von uns hat schon Löwenzahnblätter gesehen. Aber jetzt sollen Sie eines aus dem

Zeichenbeispiele von Laien zur gestellten Aufgabe »Löwenzahnblatt«

Kopf zeichnen. Vielen geht es so: Sie wissen eigentlich, wie das Blatt aussieht, aber sie bringen nur ein paar ungelenke Zacken aufs Papier. Das Ganze wird länglich. Aber schon das Grundlegende kann falsch sein, etwa so, daß die Zähne nach oben statt nach unten weisen. Wenn Sie so etwas »gebaut« haben, befinden Sie sich in guter und zahlreicher Gesellschaft, wie Ihnen die hier wiedergegebenen Beispiele Erwachsener zeigen.

Ihr eigenes Ergebnis soll Sie nicht entmutigen. Im Gegenteil, Sie haben jetzt schon etwas Wichtiges gelernt: Wir können uns beim Pflanzenzeichnen zunächst und für eine lange Strecke des Lernweges nicht darauf verlassen, was wir an Formvorstellungen im Kopf haben oder zu haben glauben. Immer wird die anschaubare Wirklichkeit genauer und richtiger sein.

Hier sehen Sie Naturformen des Löwenzahnblattes; nicht gezeichnet, sondern unmittelbar von gepreßten Blättern wiedergegeben. Die gezeigten Blattformen stammen von der gleichen Pflanzenart, jeweils auf unterschiedlichen Standorten gewachsen. Der Löwenzahn ist eine sehr stark veränderliche Art.

Im übrigen lassen sich solche Blätter gar nicht leicht nachzeichnen, wenn man ihre Umrisse genau erfassen möchte. Deshalb wollen wir uns zunächst einfacheren Aufgaben zuwenden. Bleiben wir noch bei dem, was wir an Bildhaftem über Pflanzen im Kopf haben.

Sie sahen in Ihrem Leben schon ungezählte Pflanzen und Blattformen: das Gras der Wiese, die Blätter von Bäumen, Wildblumen, Zimmerpflanzen, Radieschen und Salat. Jeder Pflanzenart kommen bestimmte Blattformen zu, an denen der Pflanzenkundige in der Regel (aber nicht immer) die Art oder wenigstens die Gattung erkennen und benennen kann. Noch weitgehender gilt das für Blüten und Früchte. Trotz dieser denkbar großen Formenfülle der Blätter bleibt die Natur bei der Ausbildung dieser Organe, wie bei allen ihren Gestaltungen, in einem bestimmten Rahmen, den sie nicht überschreitet. Die Natur entfaltet sich nach Gesetzmäßigkeiten. Ihre Gestaltungsgrundsätze lassen sich allerdings nicht so kurz und bündig umfassen wie etwa die mathematisch ausdrückbaren Naturgesetze der Physik. Die Gestaltlehre (Morphologie) arbeitet mit Formenkreisen, mit Formenvergleichen, mit Entwicklungsreihen, mit rhythmischen Wiederholungen und Abwandlungen der Organbildung und mit Symmetrie-Ebenen, um nur einige Begriffe zu nennen. Für die Beschreibung einer Pflanze bedient man sich oft bildhafter Ausdrücke, wie Wurzelhals, Sproßachse, Blütenkelch, Blütenkrone. Solche Wortbildungen können aus sich heraus ohne weiteres verstanden werden. Zeichnen Sie jetzt als weitere Übung frei und lokker, eher spielerisch und ohne Ergebnisangst, eine Reihe einfacher Blatt-

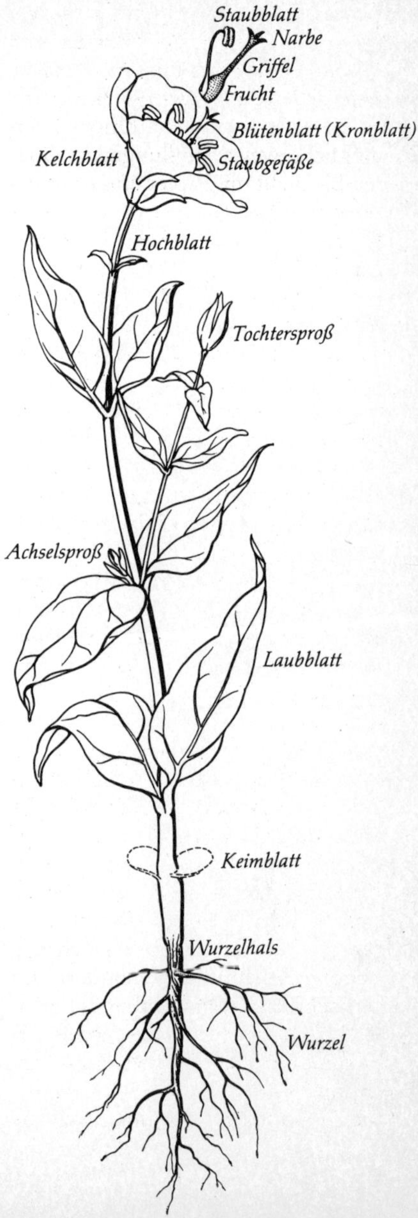

formen, wie sie Ihnen einfallen, wenn Sie an Pflanzen denken. Korrigieren Sie sich dabei; nicht innerhalb eines Motivs, sondern zeichnen Sie gleich ein neues Pflanzenblatt neben ein möglicherweise mißlungenes. Sparen Sie nicht mit Papier und erfinden Sie ohne Angst vor Fehlern so viele Formen, wie immer Sie hervorbringen können.

Achten Sie darauf, daß Ihre Formen nicht abstrakt werden. Ein anderer sollte, auch wenn Sie ganz aus der Phantasie zeichnen, erkennen können, daß es sich um Blätter handelt. Das gelingt leicht, wenn Sie den Stiel des Blattes mitzeichnen und ihn in etwa als Symmetrieachse auffassen. Die weitaus meisten Pflanzenblätter wachsen an Stielen und bilden symmetrische Formen aus. Fällt Ihnen nichts Neues mehr ein, legen Sie alle vollgezeichneten Zeichenblätter nebeneinander. Versuchen Sie jetzt, ein wenig zu ordnen, indem Sie ähnliche Formen auf jeweils einem Papierblatt zusammenfassen. Das kann am besten durch nochmaliges Zeichnen geschehen, bei dem Sie die Formen weiter zu klären, womöglich zu verbessern suchen, oder durch Ausschneiden der Motive und Aufkleben; dafür genügt Tesafilm. Es geht jetzt und im folgenden nicht um »schöne Zeichnungen«, sondern um Lernschritte. Zeichnen aber übt nicht die Hand, sondern Ihr Auge in Verbindung mit dem begreifenden Verstand.

Die Hand führt nur aus, was das Auge sieht oder was Sie aus der Vorstellung heraus gestalten können. Das bedeutet, wir müssen uns Formen bewußt machen, wenn wir sie naturgetreu wiedergeben wollen.

Auf die Grundformen der Seiten 18 und 19 lassen sich die meisten in der Natur vorkommenden Pflanzenblätter zurückführen. Vergleichen Sie nun Ihre Aus-dem-Kopf-Blätter mit diesen Formen. Sie brauchen nichts zu korrigieren. Aber Sie sollten jetzt Ihre oder die hier gezeigten Blattformen noch einmal, größer und mit Bedacht, zeichnen. Versuchen Sie dabei, das Typische einer Blattgestalt sich gedanklich klarzumachen, bevor Sie es mit Umrißlinien herausarbeiten. Halten Sie das Ebenmaß der Symmetrie ein, soweit Sie dadurch nicht im freien Fluß Ihrer Linienführung behindert werden. Der freie Linienfluß kennzeichnet die Wachstumsformen grüner Pflanzenteile. Er ist für die Darstellung lebender Pflanzen oft wichtiger als die konstruktive Richtigkeit nach Maß und Winkel. Sie sollten Ihre Linien deshalb zügig aufs Papier setzen; das gelingt, wenn Sie mit voller Konzentration arbeiten. Das Wachsen der Pflanzen kann man als eine vergrößernde Bewegung ihrer Organe in die Zeit beschreiben. Unentschlossenheit der Linienführung und zaghaftes Verharren wird an fertigen Zeichnungen als störend empfunden. Neigen Sie dazu, vor lauter Überlegen nicht zu Streich und Strich zu kommen, dann arbeiten Sie

Schülerarbeit

Frei aus der Vorstellung gezeichnete Blattformen

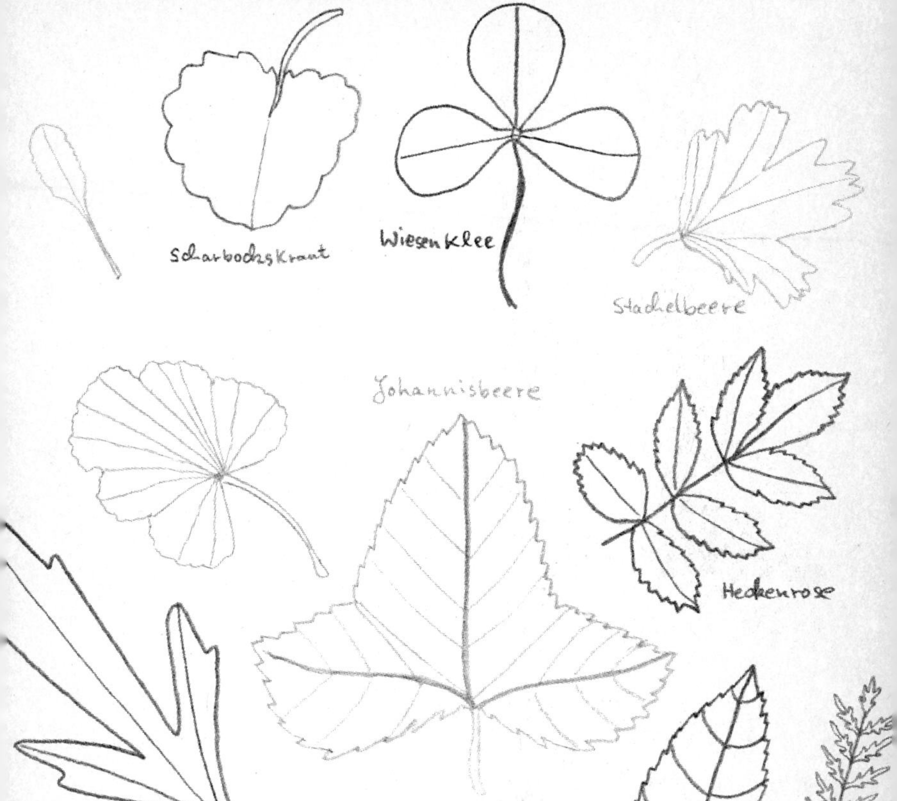

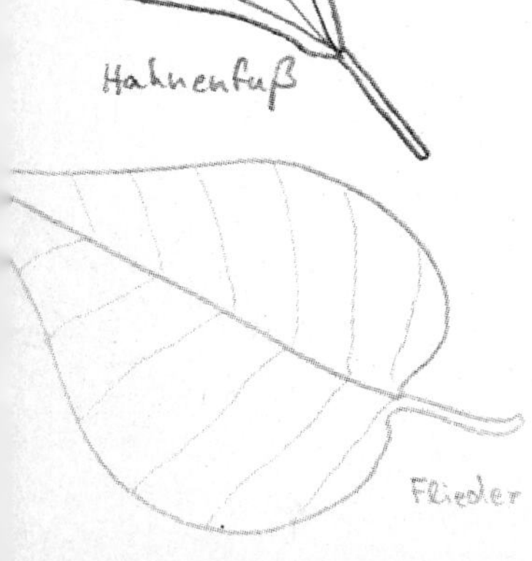

Schülerarbeit

Nach der Natur gezeichnete Blätter

Nächste Doppelseite: Einfache und zusammengesetzte Blätter aus einem alten Pflanzenbuch

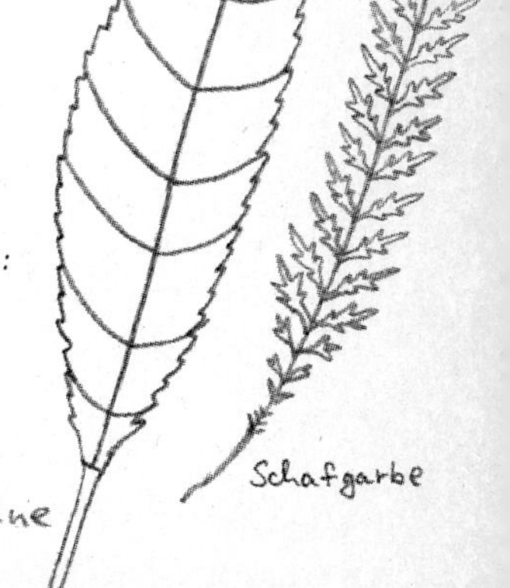

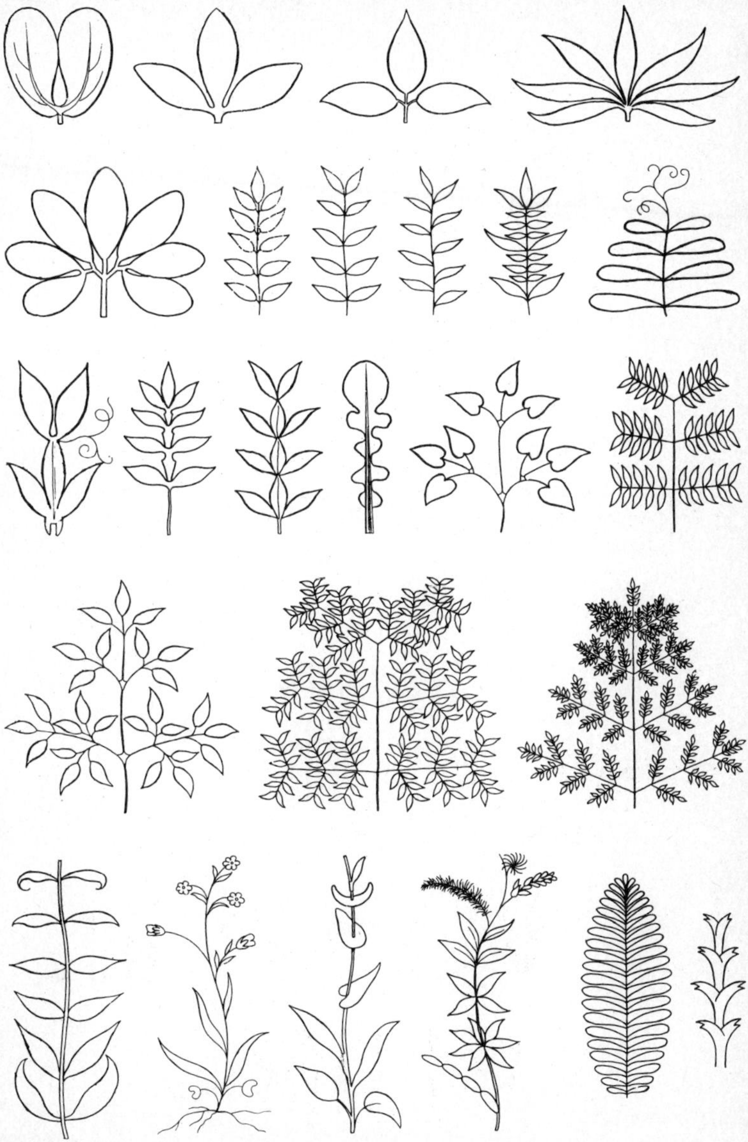

am besten ganz aus dem Bewegungsfluß der großen Form. Kreisen Sie mit vielen, sehr leicht gesetzten Strichen die gesuchte Form ein und werden Sie erst dann, wenn Sie ihr am nächsten sind, kräftiger im Strich. Neigen Sie dagegen dazu, schon zu zeichnen, bevor Sie die Form innerlich empfunden haben, dann zwingen Sie sich zu verzögerten, ganz bewußt vorgefühlten Strichen, die Sie nicht mehr korrigieren. Zur Lockerung und Erholung können Sie auch beide Methoden im Wechsel anwenden. Es kommt darauf an, die gesehene Form erst zu verinnerlichen, dann auf dem Papier umzusetzen. Dcr erstgenannte, geistige Vorgang erfordert nach einiger Übung kaum noch meßbare Zeit; konzentriertes und zügiges, fast schnelles Zeichnen schließen sich nicht aus.

Wenn Sie mit den Blattformen gar nicht zurechtkommen, wenn Ihre Blätter noch wenig Ähnlichkeit mit den Vorlagen erkennen lassen, dann gehen Sie noch einen Schritt zurück und üben einfache symmetrische Grundformen, wie Kreis, Oval, Herz, Knospe, Pfeil, Lanzenspitze, doppelt geschwungende Klammer, oder schulen Sie elementare Strichbeherrschung an einer möglichst gleichmäßig ausgerollten Spirale. Solches Formenzeichnen kann jeder selbst korrigieren, weil Abweichungen vom Ideal sofort erkennbar sind.

Fällt Ihnen dic Blätterübung eher zu leicht, so erweitern Sie Ihre Aufgabe um zusammengesetzte Blätter. Bemühen Sie sich um gleich große Teilblättchen oder lassen Sie diese zur Blattspitze hin gleichseitig kleiner werden.

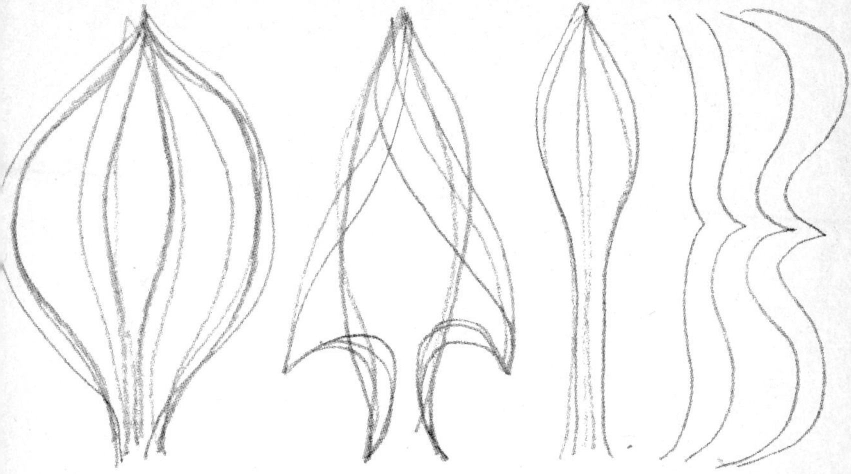

Die bei Pflanzenblättern recht unterschiedlich gestalteten Ränder erfordern Feinarbeit, die Sie jetzt vom Formerfassen des ganzen Blattes nur ablenken würde. Hüten Sie sich vor mechanisch ausgeführten Zackenrändern! Blattrandformen sollten Sie allenfalls an großen Blattzeichnungen mit locker geführter Hand üben, fein gezähnte Ränder nicht ausführen, bevor Sie die Form des Blattes nicht gut erfaßt haben, bevor Ihr Strich nicht locker und frei wird. Genau nachgezeichnete Blattränder erfordern einen gut gespitzten Bleistift.

Für Anfänger eignen sich weiche Bleistifte besser als harte, ungespitzte besser als gespitzte. Der spitze, harte Bleistift hinterläßt zeichenfederartig dünne Striche – ein zu feines Werkzeug für das Formensuchen des Anfangs. Der spitze Bleistift paßt zu kleinen Papierformaten. Kleinräumige Formen aber lassen sich schwerer auf ausgewogene Maßverhältnisse überprüfen als große. Wenn Sie auf Notizzettelgröße zeichnen, treten Ihre Fehler weniger augenfällig zutage. Die selbstgesehenen Fehler bilden für den, der ohne persönlichen Lehrer vorankommen will, die wichtigsten Abstoßpunkte des Fortschreitens. Wagen Sie sich immer wieder an große Zeichenformate, wenigstens in doppelter Briefbogengröße (DIN A 3). Hilfreich in diesem Sinne ist eine Wandtafel, auf der Sie mit Kreide arbeiten können. Der Befangene wird hier nach anfänglichen Hemmungen gegenüber der großen Fläche freier arbeiten, weil er nicht durch das Vorausdenken an bleibende Ergebnisse gestört wird:

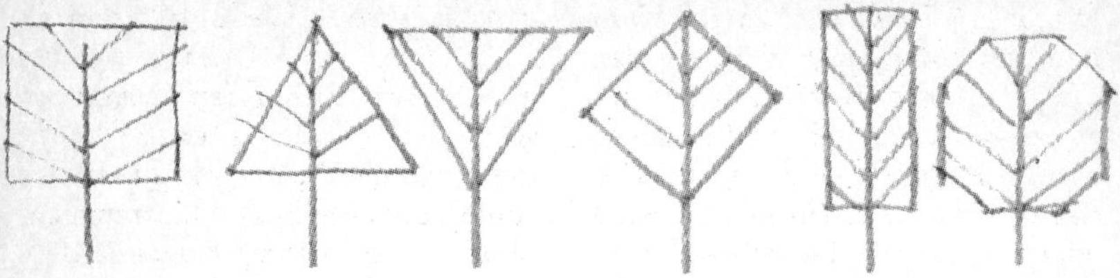

Schwamm drüber und von vorn beginnen! Wie Sie materialbedingter Erfolgszwang Ihres Zeichnens hindert, erleben Sie, wenn Sie sich ein besonders gutes Papier vornehmen, von dem Sie vielleicht nur wenige Bogen besitzen. Da hört der Spaß am Zeichnen meistens auf; Sie zeichnen schlechter als auf billigem Massenpapier. Die kostbare Unterlage verursacht Prüfungsstreß; die gesteigerte Erwartung auf Erfolg verhindert ihn.

Andererseits hüte man sich vor einer endlosen Vorläufigkeit des Zeichnens. Ernsthaftes Zeichnen verlangt Sammlung. Ausdrucksstarke Darstellungen setzen neben handwerklichem Können eine Haltung des Ergriffenseins von dem voraus, was man darstellt. Vor den Schöpfungen der Natur stellt sich diese Stimmung bei vielen Menschen unwillkürlich ein. Behüten Sie diese Gabe und pflegen Sie Stimmungen der Ehrfurcht. Daß dieser Begriff heute kaum noch in der Alltagssprache aufscheint, spricht nicht gegen ihn. Wer sich an diesem Ausblick stört, weil er sachlich bleiben und nicht weltanschaulich zeichnen möchte, kann sich vielleicht zur Achtung verstehen, deren

wir für das Zeichnen nach der Natur bedürfen. Man erlangt sie auf dem Wege genauen Be-achtens der Einzelheiten organischer Bildungen. Auf einen Blick sind sie nicht zu haben, aber sie fallen uns zu, wenn wir eine Pflanze so intensiv wahrnehmen, daß wir in die Lage kommen, sie zu zeichnen.

Bevor wir uns im nächsten Abschnitt endlich gewachsenes Grün auf den Zeichentisch legen, komme ich noch einmal auf die Vorstellung zurück, die wir von Pflanzenblättern auch dann haben können, wenn wir sie nicht unmittelbar vor uns sehen. Vom annähernd kreisrunden Kapuzinerblatt bis zum linealisch langgestreckten Grashalm, bis zu Tannennadeln oder bis zum Kaktusstachel, auch er ein abgewandeltes Blatt, finden wir alle Formenübergänge zwischen Kreis und Strich. Eine andere Entwicklungslinie schreitet von einfachen Blättern zu geteilten, bis zu mehrfach gefiederten mit allen denkbaren Spielarten des Verästelns, etwa vom derben, ganzrandigen Breitwegerichblatt bis zu den filigranisch verzweigten Blättern einiger Doldenblütler. Aber es gibt keine Blattformen wie die oben skizzierten Flächen, wie sie beispielsweise für Verkehrszeichen gewählt werden. Kein einziger Leser, und hätte er noch nie ein Pflanzenblatt gezeichnet, würde solche »Blätter« aus der Vorstellung heraus zu Papier bringen. Blattvorschläge wie diese empfindet auch jeder botanische Laie als nicht blattgemäß. Diese Feststellung ist einfach zu treffen, eine Begründung zu geben, nicht. Ein Erklärungsversuch würde hier zu weit führen und bliebe unbefriedigend. Was gezeigt werden sollte: Auch wenn wir Pflanzen nicht ohne Übung naturgetreu aus dem Kopf zeichnen können, tragen wir in uns doch ein recht ausgeprägtes, jedem im Besitz seiner Kräfte stehenden Menschen eigenes Empfinden, was pflanzenhaft ist und wachsen könnte oder was den vegetativen Bildungsgesetzen widerspricht. Dieser über das Subjektive hinausreichende Maßstab leitet uns beim Pflanzenzeichnen und setzt jedermann in den Stand, Pflanzendarstellungen wenigstens bis zu einem gewissen Grade aus sich heraus zu beurteilen. Die Pflanze bringt in ihrer Gestalt Wirklichkeit und Schönheit zur Deckung. Man kann Pflanzen mit voller innerer Zustimmung und Befriedigung nachzeichnen. Man kann sich in einer Welt der Irrungen an ihnen gesundsehen.

2 Ein Blatt mit Blättern

Sie brauchen: Skizzenpapier im Briefbogenformat oder größer, mit dem Sie nicht sparen müssen, Bleistifte der Wahl, aber nicht härter als HB. Das Wichtigste: Pflanzenblätter jeder Art, frisch aus dem Garten oder der Wiese; am besten gepreßt, zum Beispiel zwischen Löschblättern oder saugfähigem Haushaltspapier und mit Büchern beschwert. Notfalls behelfen Sie sich mit lebenden Modellen der Zimmerpflanzen oder Schnittblumen mit Blättern. Sind keine Pflanzen zur Hand oder beschaffbar, dann benutzen Sie die hier im Buch abgebildeten gepreßten Blätter als Vorlagen. Gedruckte Abbildungen, die aus Platzgründen verkleinert wurden, helfen Ihnen nur vorübergehend.

Das Pressen von Blättern und Blüten, zu Urgroßmutters Zeiten eine weitverbreitete Liebhaberei, ist, wie die Botanisiertrommel, ganz aus der Mode gekommen. Als Formensammeln betrieben, kann es den zeichnenden Naturfreund darin unterstützen, seine Aufmerksamkeit für Pflanzengestalten ud Blattformen zu schärfen. Die hier wiedergegebenen gepreßten Blätter sammelte ich während einiger Sommerwochen im Umkreis einer Münchner Stadtrandstraße, in der ich seinerzeit wohnte.

Blätter entfalten sich trotz ihrer flächigen Grundform in alle drei Raumesrichtungen und müssen im Zusammenhang der Pflanze bei naturgetreuer Darstellung perspektivisch gezeichnet werden. Davon handelt das nächste Kapitel. Gepreßte Blätter werden gleichsam in die Fläche zurückgezwungen, was uns das Erfassen der eigentlichen Blattform erleichtert. Brauchen Sie die Blätter nicht haltbar, sondern nur einmal als Zeichenvorlage, dann genügt es, das zu zeichnende Blatt auf ein weißes Papier zu legen und mit einer nicht zu leichten Glasplatte zu beschweren. Diese Methode hat den Nachteil, daß Ihre Vorlage waagerecht auf dem Tisch liegt und so, auch wegen der Spiegelung, nicht günstig abzuzeichnen ist. Um dem abzuhelfen, befestigen Sie eine Randleiste auf einer Span- oder Sperrholzplatte von mindestens Glasscheibengröße. Auf diese Unterlage kommt das Papier oder der Karton, darauf das Blatt und dann die Glasplatte. Nun können Sie das Ganze durch Bücher auf der Ihnen abgewandten Seite beliebig hoch unterstützen und so die gewünschte Neigung der Vorlage nach vorn erreichen. Die Leiste hindert die Glasscheibe am Abrutschen. Den so gewonnenen »Modellhalter« können Sie später auch ohne Glasplatte zum Auflegen ganzer Pflanzen benutzen, die dadurch in eine günstige Zeichenposition kommen.

Beginnen Sie mit den einfachsten zur Verfügung stehenden Blattformen. Haben wir im vorangegangenen Abschnitt Blattformen der Vorstellung mit den Idealformen nach pflan-

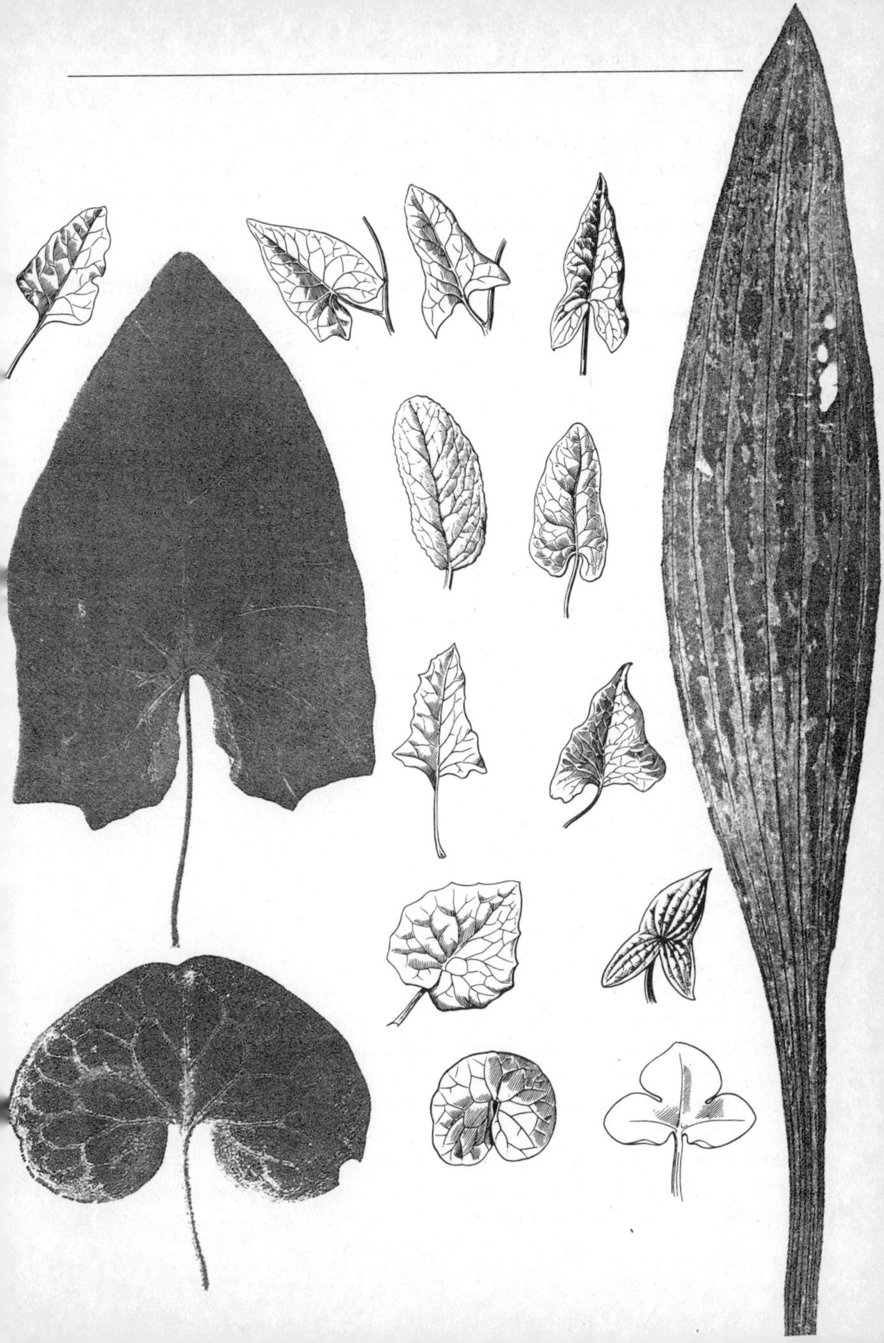

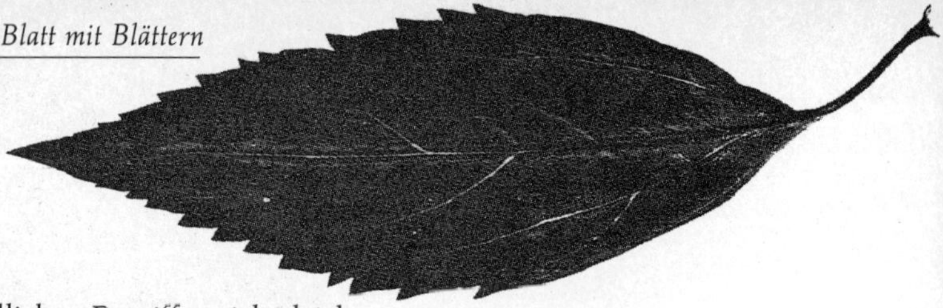

zenkundlichen Begriffen sich gleichsam durchdringen lassen, um so eine gegliederte Übersicht grundsätzlicher Blattgestalten zu gewinnen, so nehmen Sie jetzt die Natur selbst als Vorlage. Beim Zeichnen nach der Natur gibt es kein Wenn und Aber. Was wir vor uns haben, ist verbindlich. Wenden Sie Ihre ganze Aufmerksamkeit an die sichtbare Form! Diese Aufforderung soll Sie aber nicht zum pedantischen »Abkupfern« führen, eine Tätigkeit, die Sie bald ermüden würde und nicht befriedigen könnte; es sei denn, Sie betreiben Ihr Zeichnen für naturwissenschaftliche Zwecke. Blattzeichnungen für ein Pflanzenbestimmungsbuch etwa müssen in erster Linie stimmen. Betrachten Sie aber solche Illustrationen botanischer Fachbücher, dann finden Sie auch hier Idealisierungen. Der Zeichner gibt, wenn er sein Fach versteht, nicht ein bestimmtes Blatt fotografisch genau wieder, sondern er zeichnet »das Blatt« der Pflanzenart als eine Durchschnittsform vieler Blätter der Art.

Uns kommt es vor den lebendigen oder gepreßten Blättern weder auf minutiöse Genauigkeit jeder Einzelheit noch auf ein Idealisieren an, sondern auf die Lebendigkeit der Empfindung. Empfindung soll aus Ihrer

Zeichnung sprechen. Aber keine in die Phantasie abschweifende; vielmehr soll Ihr Formempfinden streng an der Vorlage gewonnen werden. Das ist eine Konzentrationsübung. Sie führt aber nur zum Erfolg, wenn Sie im Geist und im Strich locker bleiben. Die Schönheit der gewachsenen Form, an der kein ästhetisches Empfinden zweifeln kann, setzen Sie in Bewegung um, nicht in trockenes Maßnehmen. Deshalb brauchen Sie auch diesmal keinen Radiergummi. Ihr Papiervorrat erlaubt es Ihnen, danebengegangene Blätter immer wieder neu zu zeichnen. In der Regel verbessert man sich auf diese Weise nachhaltiger als durch ein Herumkorrigieren an einer Zeichnung. Es steht nur jeweils ein Blatt auf Ihrem Papier (und auf dem Spiel), niemand schaut Ihnen über die Schulter. Aus vielen Möglichkeiten, ein Blatt gut zu zeichnen, empfehle ich Ihnen die folgende, sofern Sie wirklich Blätter, nicht einen schwachen zeichnerischen oder fotografischen Abklatsch vor sich haben.

Legen Sie Ihren Bleistift beiseite und betrachten Sie sich zunächst, was Sie zeichnen wollen; jetzt das Blatt, später werden es Blüten und ganze Pflanzen sein. Dieser Ausgangspunkt der Ruhe und Sammlung, ungestört durch eine äußere Tätigkeit, kann zum Gelingen der Zeichnung entscheidend beitragen, wenn Sie ihn für innere Aktivität nutzen. Lassen Sie die Form zunächst ohne eigene Gedanken auf sich wirken und bilden Sie dann erst Begriffe; etwa: ein angenähertes Oval mit glattem Rand. Das wäre eine nüchterne Analyse. Wer sensibel ist, kann ein Blatt auch wie die Geste eines Lebewesens empfinden: Ein möglichst allseitiges Sich-Öffnen und Ausbreiten für den Empfang von Sonnenlicht. Biologisch gesehen, liegt in der Lichtaufnahme der Sinn des Pflanzenblattes. Das geistige Lufttholen vor dem Zeichnen selbst braucht nur Sekunden zu währen, es soll Ihnen bewußt machen, was Sie sehen. Es kann auch länger dauern, wenn Sie ohne Bleistift »vorzeichnen«, eine sehr nützliche und papiersparende Methode, sicherer zum Ziel zu gelangen. Ohne den Blick von Ihrem Modell zu wenden, zeichnen Sie im Geist Strich für Strich das Blatt oder die Pflanze ab mit eben der gleichen Empfindung, als würden Sie wirklich zeichnen. Beim genauen Durchleben dieser inneren Tätigkeit des Zeichnens ohne dessen äußere Mechanik können Sie sogar Ihre Fehler wahrnehmen und durch ein inneres Wiederholen des falsch gesetzten »Striches« korrigieren.

Auch für diese vorbereitende Übung brauchen Sie vielleicht nur Bruchteile einer Minute, bei schwierigen Vorlagen entsprechend länger. Sie gewinnen ein darstellendes Verhältnis zu Ihrem Objekt, als hätten Sie es in der Tat schon einmal gezeichnet. Zur Erleichterung können Sie bei dieser Übung schon Ihren Bleistift in die Hand nehmen. Dann mag es

geschehen, daß Sie tatsächlich und eher unbewußt Ihre Hand bewegen. Vor hier bis zu einen In-die-Luft-Zeichnen des Objekts über Ihrem Blatt, also ohne Striche zu ziehen, ist es nur ein Schritt. Das »Luftzeichnen« über dem Papier, am besten zügig den Umrissen des Modells folgend, ermöglicht es Ihnen, den richtigen Maßstab, das heißt die Abbildungsgröße zu finden, die dem Papier entspricht.

Nun haben Sie Ihr Zeichnen gut vorbereitet und können das Blatt ohne zu zögern aufs Papier setzen. Die gezeichnete Wirklichkeit wird vielleicht durch wackelige und ungenügend kontrollierte Striche enttäuschen. Aber hier setzt Ihr Üben ein. Ohne Übung läuft beim Zeichnen und Musizieren nichts. Üben Sie nur so lange, wie Sie mit voller Empfindung zeichnen, das heißt mit einer gewissen sinnlichen Befriedigung. Zeichnen Sie nicht über diesen Punkt hinaus.

Wo beginnen Sie zu zeichnen? Bei Pflanzenblättern mit flächiger Aus-

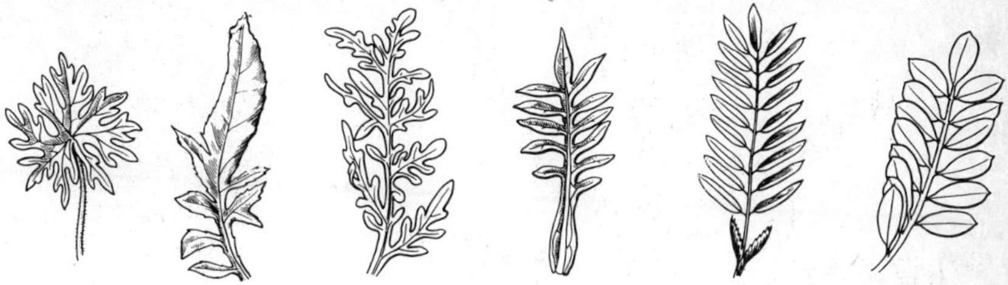

breitung können Sie überall anfangen, am besten aber mit dem Stiel, nämlich in der Wachstumsrichtung des Blattes. Haben Sie strichlos »vorgezeichnet«, dann empfiehlt sich die Näherungsmethode: Sie landen mit dem Stift während Ihrer Zeichenbewegung nur zart und zeitweise auf dem Papier, etwa so, wie eine fliegende Schwalbe eine Wasseroberfläche tangiert. So tasten Sie sich an die Umrisse heran. Zeichnen Sie lieber größer als kleiner, wenn möglich immer so, daß Sie Ihr Papierformat harmonisch füllen, das heißt, Sie müßten Ihre Zeichnung ohne Papierbeschnitt rahmen können. Ihr Motiv sollte an wenigstens zwei gegenüberliegenden Seiten bis an die Papierrandnähe führen, sonst haben Sie zu klein gearbeitet.

Zeichnen Sie nach Möglichkeit nicht kleiner, als Ihre Vorlage ist. Bei kleinen Pflanzenblättern wäre es gut, zu vergrößern. Das erleichtert Ihnen die Kontrolle der Form. Haben Sie nun eine zarte Vorzeichnung richtig auf dem Papier stehen, dann beginnen Sie mit kräftigen Strichen die Umrisse auszuarbeiten. Die Blattränder läßt der Anfänger zunächst glatt, weil hierbei zu leicht eine sinnlose Mechanik überhandnimmt. Neigen Sie aber zu flüchtigem Zeichnen, dann sollten Sie sich übungsweise gerade mit den Blatträndern befassen: Sie legen zunächst mit zarten Strichen den Blattumriß fest und arbeiten dann Kerbung oder Zahnung des Blattrandes möglichst gleichmäßig ohne Schwankungen der Strichstärke ein.

Sobald Sie sich nach einer Reihe von Blattzeichnungen etwas sicherer fühlen, wechseln Sie auf ein größeres Format, etwa doppelte oder dreifache Briefblattgröße (DIN A3 oder DIN A2). Setzen Sie nun die zuvor geübten Blätter der Reihe nach auf Ihr Zeichenblatt. Machen Sie vorteilhaft vor der Ausarbeitung eine Einteilung, wo welches Blatt Platz findet. Dieses Blatt mit Blättern kann bei aller Einfachheit der Motive durch die Vielfalt der Einzelformen schon recht dekorativ wirken.

3 Von der Fläche zum Raum

Sie brauchen: Einen Bleistift, nicht härter als HB, beliebiges Skizzierpapier, nicht kleiner als Briefblockformat. Wer lieber kleines Papier nehmen möchte, sollte sich zwingen, noch größeres zu verwenden.

Lebendige Pflanzenblätter entfalten sich nicht nur flächig, sie wölben sich auch in den dreidimensionalen Raum. Selbst das dünnste Blatt hat eine gewisse Stärke, die meist vom Stengel und von den Blattnerven übertroffen wird. Diese Blattdicke und die Plastizität der Nervatur lassen wir für unseren Lernweg zunächst außer acht, sofern sie nicht als Merkmale einer Pflanzenart besonders deutlich hervortreten. Dagegen bedeutet der Raumgriff von Pflanzenblättern in die dritte Dimension, der durch ihre Wuchsform und ihre Anordnung bedingt ist, ein wichtiges Gestaltungsmittel für den Zeichner. Räumlichkeit der Blätter entsteht schon durch ihre in der Regel allseitige Entfaltungsrichtung an der Pflanze.

Wir sehen die meisten Blätter einer Pflanze von einem gegebenen Standpunkt aus nicht so, wie wir sie bisher gezeichnet haben in gleichsam idealer Draufsicht, sondern von der Seite, von oben, von unten, zu uns her und von uns weg wachsend mit allen Übergängen. Die Vielfalt der Blattstellung wird Ihnen besonders deutlich, wenn Sie eine Pflanze so fotografieren möchten, daß deren Blattform auf dem Bild deutlich wird.

Relief eines Kohlblattes

Dafür brauchen Sie wenigstens *ein* Blatt mit senkrechter Draufsicht, und das ist oft gar nicht leicht zu haben. Die meisten Blätter erscheinen auf Fotos durch ihre Anordnung oder Wölbung perspektivisch verzerrt. Wollen Sie lebendige Pflanzen darstellen, müssen Sie sich mit Räumlichkeit und Perspektive beschäftigen. Beim Pflanzenzeichnen ist das einfacher als etwa bei der Darstellung von Architektur oder bei Sachzeichnungen lebloser Gegenstände. Die wichtigsten Gestaltteile zeichenbarer Pflanzen sind außerhalb ihrer Blütezeit und abgesehen von Gehölzen meist ihre Blätter. Sie bestehen aus in den Raum gestellten Flächen und sind leichter darzustellen als raumfüllende »Vollkörper«. Warum?

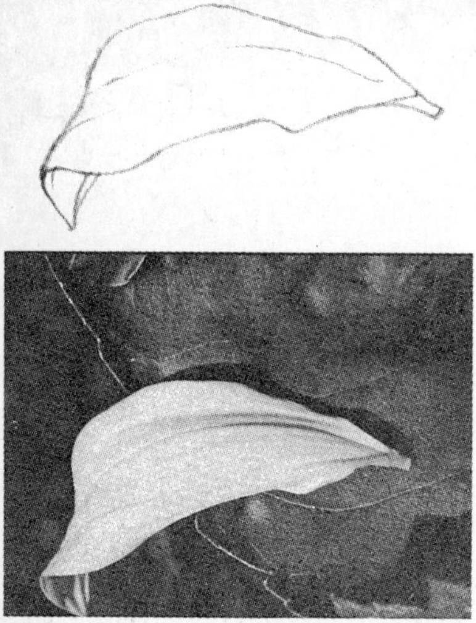

Zungenblüte der Sonnenblume

Weil uns Pflanzenblätter ihre Konturen darlegen. Wir brauchen diese Konturen nur maßstäblich nachzuzeichnen und erzeugen schon damit die Illusion der Raumtiefe auf der zweidimensionalen Papierfläche. Jede räumliche Darstellung auf der Fläche des Papiers ist eine Illusion. Wir machen dem Betrachter mit Hilfe von Linien etwas vor, was nicht wirklich besteht. Der hier abgebildete Würfel mit quadratischen Seiten nimmt auf dem Papier die Fläche eines unregelmäßigen Sechsecks ein. Nur seine Binnenzeichnung erzeugt beim Betrachter die Illusion eines Raumkörpers mit rechtwinkligen Seiten.

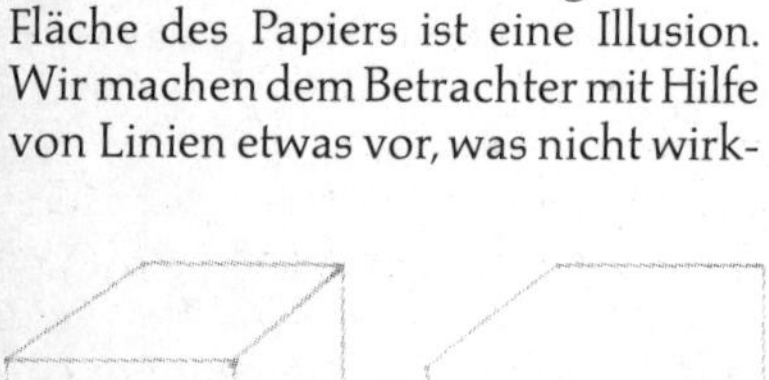

Binnenzeichnung und Umriß

Die Binnenzeichnung folgt den Konturen, die an Flächenwinkel entstehen. Die Räumlichkeit von Körpern ohne Flächenwinkel ist zeichnerisch viel schwerer darzustellen. Eine Kugel etwa oder ein Ei ist allein mit Konturen nicht räumlich darstellbar, nur mit zartverlaufenden Tonwertübergängen oder sehr feinen Strichen, die sich als Schraffur für das Auge zu Tonwerten zusammen-

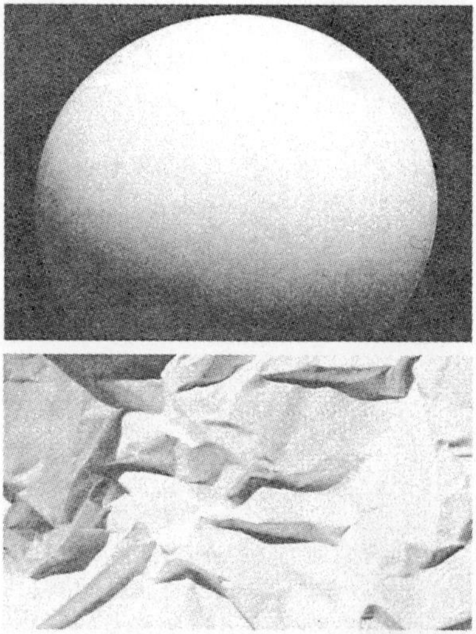

Tonwertverläufe (Ei)
und Flächenwinkel (Papier)

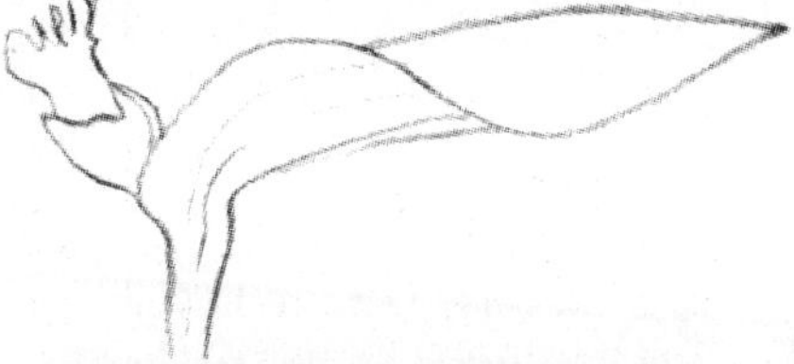

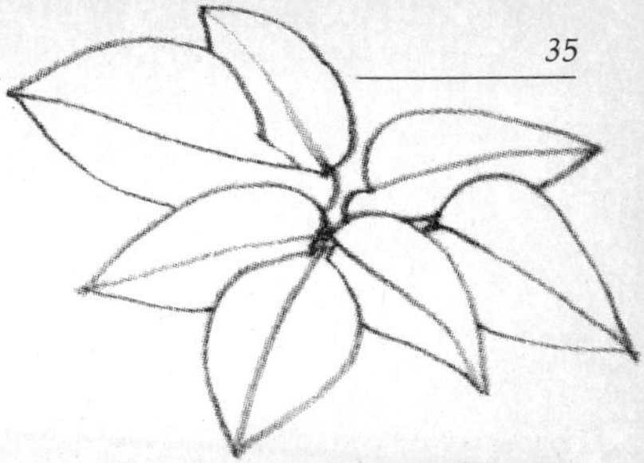

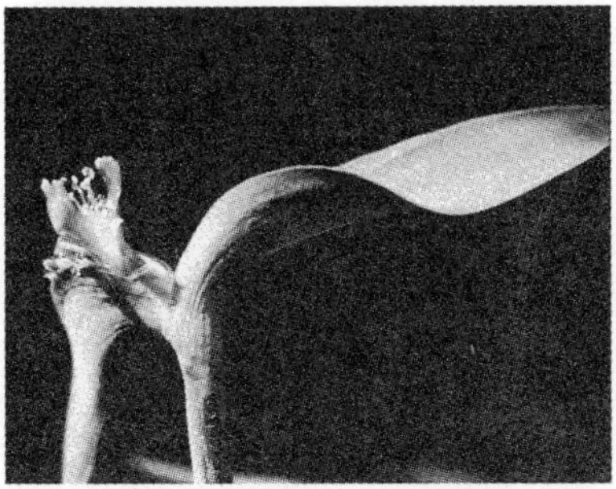

Raumbildende Überschneidung

Tiefenstaffelung

schließen. Bei den Flächenwinkeln enstehen Konturen, weil die verschieden gelagerten Flächen das gewöhnlich von einer Seite auftreffende Licht unterschiedlich zurückwerfen und dadurch Helligkeitsunterschiede hervorrufen. Kugel und Ei haben keine Konturen als Tonwertgrenzen.

Bei einem Pflanzenblatt ergeben sich durch die Konturen seiner Ränder Führungslinien in die Raumtiefe. Die Illusion der Raumtiefe auf dem Zeichenpapier wird für den Betrachter aber erst durch Überschneidungen der Konturen deutlich. Darüber hinaus hängt die Glaubwürdigkeit einer räumlichen Darstellung von den richtig wiedergegebenen Maßverhältnissen ab. Der Projektion von Raummaßen auf eine Fläche wird von den Gesetzen der Perspektive bestimmt. Für das Pflanzenzeichnen genügen uns zwei Aussagen:

1. Alle Strecken (Linien, Konturen) eines Objektes, die sich auf einer zur Blickrichtung des Betrachters senkrechten Ebene gleicher Entfernung befinden, bilden sich im Auge des Betrachters in gleichem Verkleinerungsmaßstab ab. Beispiel: Ein 6 cm langes Blatt auf der gleichen zur Seh-Achse des Betrachters senkrecht stehenden Betrachtungsebene wie ein 3 cm langes Blatt erscheint dem Betrachter doppelt so lang.

2. Alle Strecken eines Objektes, welche die zum Betrachter senk-

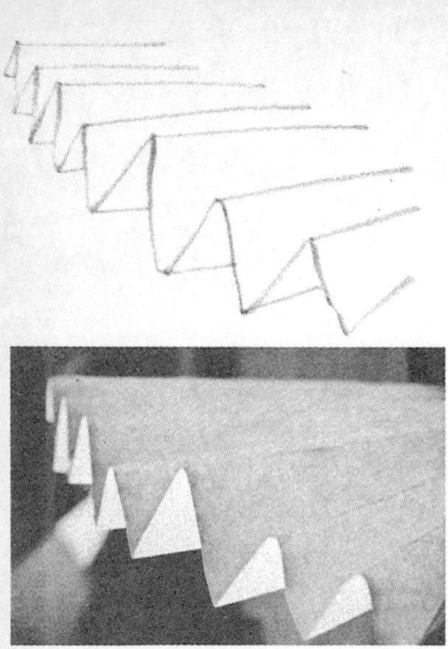

Räumlichkeit durch Flächenschnitt

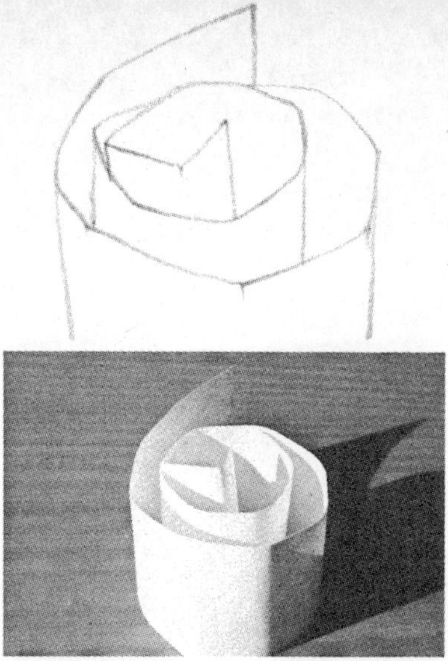

Hobelspanmodell (Papier)

rechte Bildebene verlassen, erfahren in ihrer Projektion auf die Netzhaut des Betrachters (oder auf die Filmebene einer Kamera) eine Verkürzung, die wir perspektivisch nennen. Die Verkürzung nimmt mit dem Abweichungswinkel zu. Strecken (gerade Linien) in der Blickrichtung des Betrachters verkürzen sich auf Null.

Daß sich alle Parallelen, die nicht auf der senkrecht zur Blickrichtung des Betrachters verlaufenden Bildebene liegen, in einem Fluchtpunkt treffen, hat für das Pflanzenzeichnen keine praktische Bedeutung, weil wir es nicht mit parallelen Geraden zu tun haben, wie etwa beim Zeichnen von Architektur und Technik. Eine Konstruktion der Perspektive hat für das Pflanzenzeichnen keinen Sinn. Beim Zeichnen nach der Natur können wir uns auf das Auge verlassen, wenn wir es darin schulen, Maßverhältnisse so wahrzunehmen, wie sie sind. Kurz: Wenn Sie genau das zeichnen, was Sie sehen, haben Sie die Gesetze der Perspektive erfüllt.

Wesentlich für den Eindruck der Räumlichkeit dargestellter Pflanzen sind die Überschneidungen ihrer Konturen. Die Gesetzmäßigkeit läßt sich so ausdrücken:

1. Kreuzen sich Konturen räumlich gegliederter Objekte, so überschneidet die dem Betrachter näher gelegene Kontur jeweils die fernere.
2. Die überschneidende Kontur verdeckt den Weiterlauf der überschnittenen.

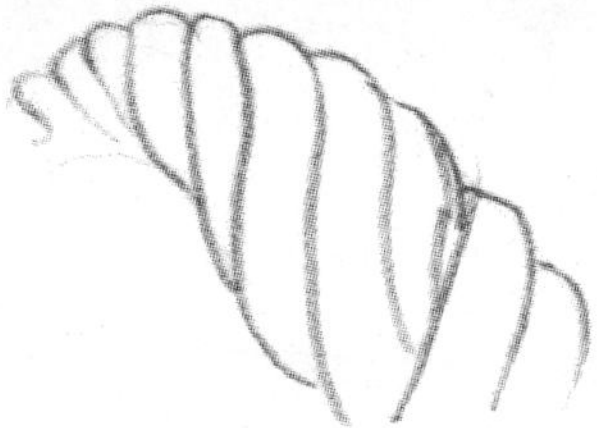

Räumlichkeit am Henkelkorb…

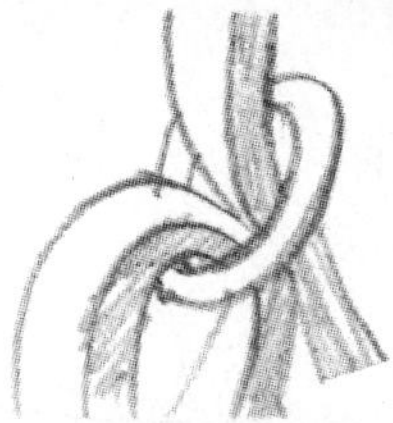

…und am Hundehalsband

Auch hier soll uns die bewußt gemachte Gesetzlichkeit helfen, das wahrzunehmen, was ist. Denn nur, was wir bewußt aufnehmen, können wir auch wiedergeben. Haben Sie das Grundlegende sich überschneidender Linien erst einmal in einfachen Zeichnungen angewendet, so können Sie verhältnismäßig leicht und mit knappen zeichnerischen Mitteln die Räumlichkeit von Gegenständen ausdrücken.

Zum Erfahren und Einüben der Überschneidungsgesetze eignen sich Zeichenobjekte, deren einfache oder regelmäßige Form uns das Wesentliche deutlich werden lassen: ein gefaltetes Papier, ein gerolltes oder ein zerknülltes, die Kabelspirale des Telefonhörers oder die Glieder einer

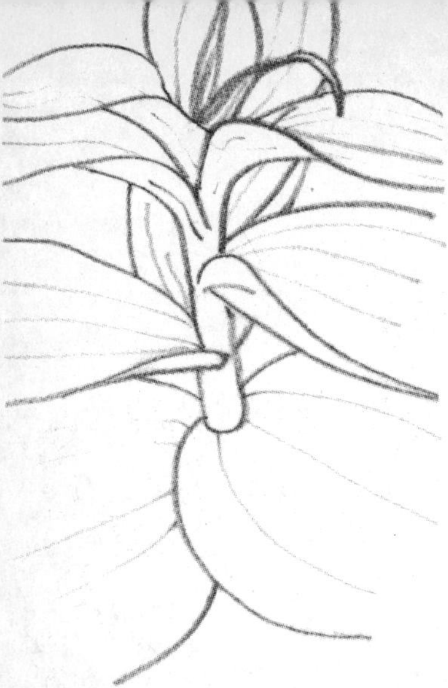

Für eine klare Wiedergabe räumlicher Gliederungen eines Pflanzenmotives sind richtig gesehene Überschneidungen der Konturen oft entscheidender als die Genauigkeit von Einzelformen und deren Maße.

Kette. Suchen Sie sich solche Gegenstände des täglichen Umgangs und zeichnen Sie nicht das ganze Objekt, sondern nur die Konturen und Überschneidungen, die nötig sind, um seine Räumlichkeit darzustellen. Die genauen Maßverhältnisse sind dabei von untergeordneter Bedeutung. Beginnen Sie erst nach diesen Vorübungen, die Räumlichkeit an Pflanzen mit den so erprobten Mitteln der Verkürzung und Überschneidung zu zeichnen. Fangen Sie mit lebendigen Blättern in ihrer natürlichen Stellung an und gehen Sie dann zur ganzen Pflanze über. Hierfür eignen sich Zimmerpflanzen sehr gut. Stellen Sie einen Blumentopf auf Ihren Schreibtisch und zeichnen Sie Teile der Pflanze oder die Pflanze selbst bei verschiedenen Topfdrehungen. Eine

solche Pflanze als allseitig ausgebildeter und gegliederter Raumkörper kann Ihnen zum unerschöpflichen Modell für die meisten in diesem Buch behandelten Fragen des Pflanzenzeichnens werden. Wenn Sie das

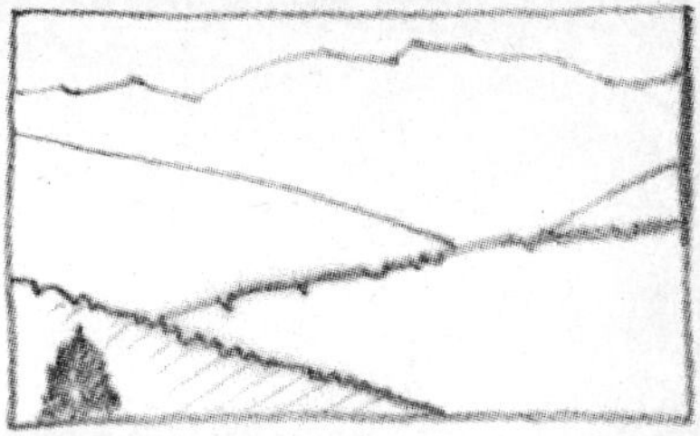

Mittel der Überschneidung Ihrem jeweiligen Stand des Zeichnens gemäß beherrschen und anwenden, dann werden Ihre Darstellungen – nicht nur von Pflanzen – in neuer Plastizität gleichsam aus dem Papier hervortreten. Sie verfügen dann über die dritte Dimension.
Nach meiner Erfahrung ist ihre Handhabung beim Pflanzenzeichnen besonders leicht zu erlernen.

Übungen am Blatt einer Kohldistel. Schon wenige Überschneidungen in der Linienführung vermitteln dem Betrachter die Räumlichkeit der ganzen Pflanze.

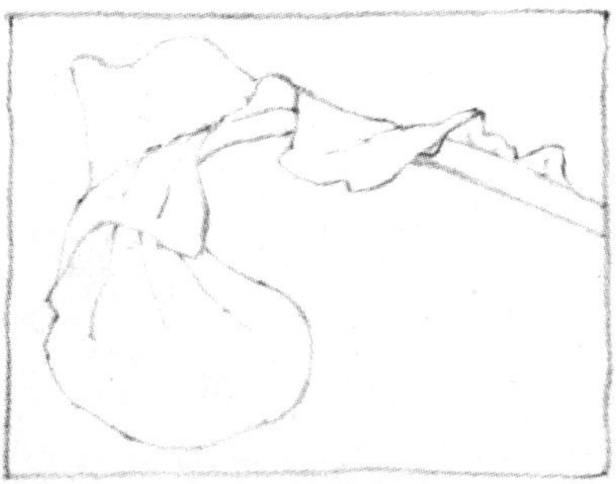

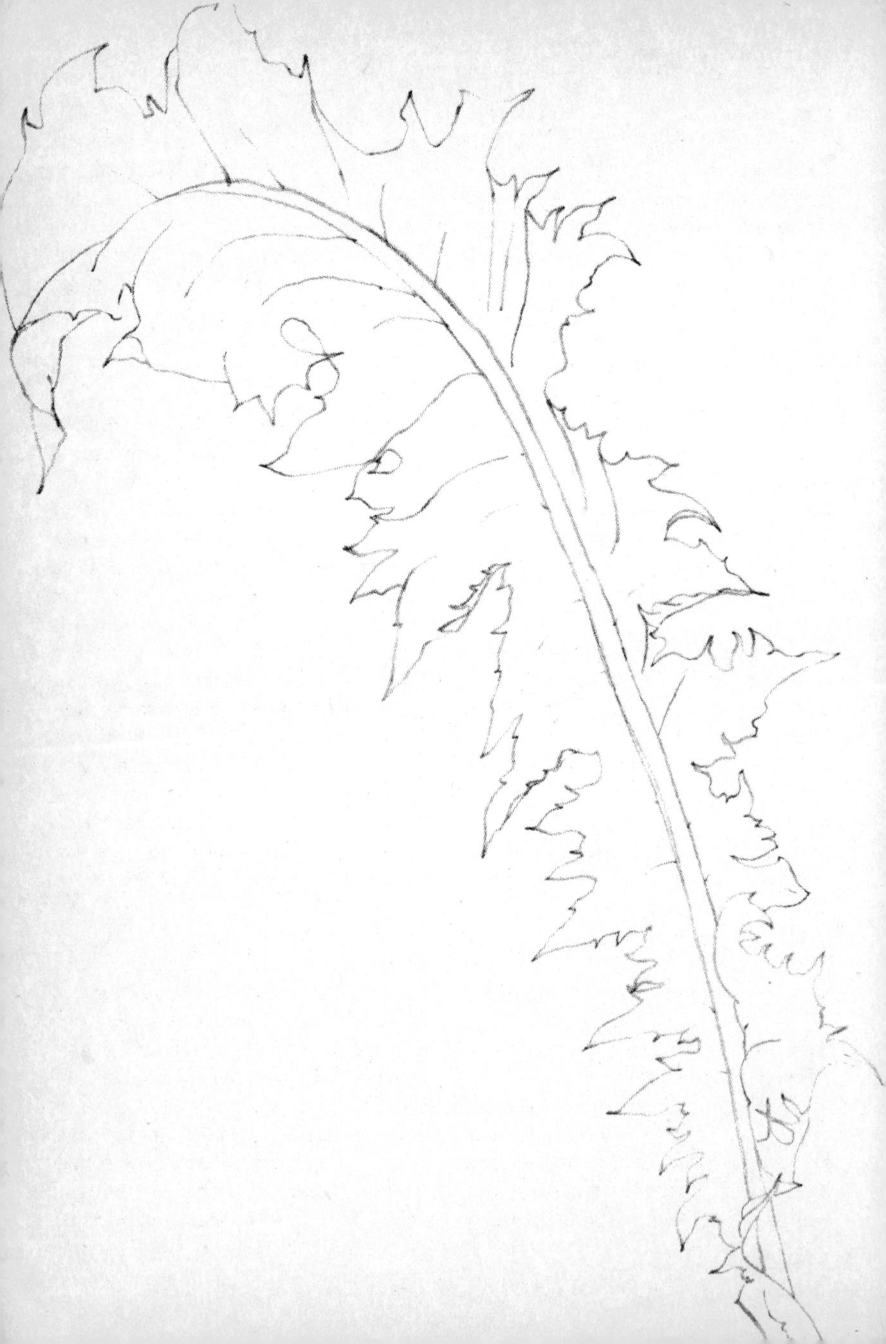

4 Maß fürs Ziel

Mit den ersten Strichen, die Sie aufs Papier setzen, um Gegenständliches zu zeichnen, legen Sie Ihren Abbildungsmaßstab fest: Sie nehmen und geben Maß. Schon das zeichnende Kind wählt einen bestimmten Maßstab der Verkleinerung, sobald es Dinge seiner Umwelt zu Papier bringt, etwa einen Tannenbaum oder eine Blume. Dies geschieht unbewußt, aber doch so zweckmäßig, daß sehr unterschiedlich große Gegenstände auf einem jeweils gegebenen Papierformat Platz finden. Ein Baum könnte den Maßstab von rund 200 : 1, eine Blume von 2 : 1 erfordern, um auf einem handlichen Papier »unterzukommen«.

Für fortgeschrittenes Zeichnen entscheidet die Maßstabwahl mit über das Gelingen einer Darstellung. Ebenso wichtig ist das Durchhalten des mit den ersten Strichen festgelegten Maßstabes für alle Teilmotive und Einzelheiten der Darstellung. Den Anfänger mag es beruhigen, daß Schwankungen im Maßstab innerhalb einer Pflanzenzeichnung vom Betrachter nicht von vornherein als Fehler empfunden und erkannt werden. Beim Zeichnen von Tieren und Menschen ist dieser Gesichtspunkt dagegen sehr genau zu nehmen; Abweichungen im Maßstab, das heißt Fehler in den Größenverhältnissen der Teile, entwerten die Darstellung im Sinne der Naturtreue deshalb so deutlich, weil die Proportionen der Menschen und höheren Tiere ziemlich genau festliegen. Ungewollte Abweichungen lassen die Zeichnung dilettantisch erscheinen.

Für das Zeichnen von Pflanzen ergibt sich dagegen oft die Forderung, Maßverhältnisse eines lebenden Modelles bewußt zu verändern, um einen befriedigenden Bildaufbau zu ermöglichen. Sie können solche Manipulationen mit etwas Einfühlung ungestraft vornehmen, ohne den Wirklichkeitscharakter Ihrer Darstellung zu beeinträchtigen. Kinder und Naive verändern den Maßstab innerhalb einer dargestellten Pflanze ganz unbefangen und zum Vorteil des Bildes, wenn sie etwa einen Baum mit Äpfeln zeichnen. Gemessen an einem »richtigen« Apfelbaum (nicht einem modernen Plantagen-Halbstämmchen), müßten die wie Weihnachtskugeln an den Ästen hängenden Äpfel einer solchen Darstellung so groß wie Melonen sein. Maßstabgetreu gezeichnet, könnten die Äpfel auf dem Papier nur als Punkte erscheinen, was vom Zeichner natürlich nicht gewollt wird. Die Veränderbarkeit der Größenverhältnisse zwischen Blättern, Blüten, Früchten einerseits und der dargestellten Pflanzengestalt andererseits fußt auf der Tatsache, daß die Pflanzen selbst sehr veränderlich sind. Erwachsene Tiere und Menschen ändern ihre Größenverhältnisse nicht mehr wesentlich. Pflanzen dagegen wachsen lebens-

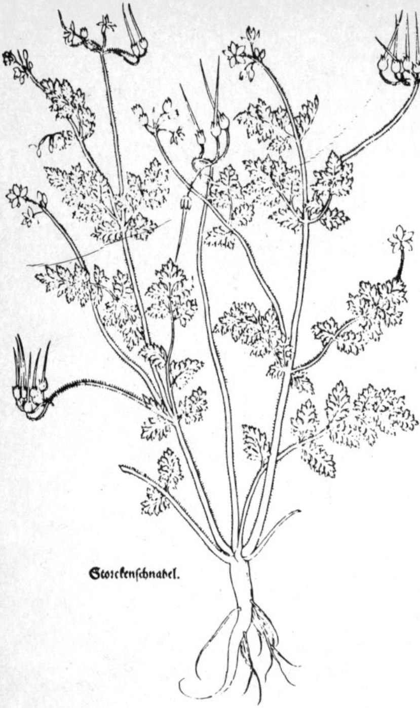

1. Storchenschnabel.

lang und können, je nach Alter, Standort und Lebensbedingungen, sehr unterschiedliche Gestalten annehmen.

Betrachten Sie alte Pflanzenbücher des 16. und 17. Jahrhunderts, dann finden Sie die Vergrößerung der Einzelteile auf Kosten der Pflanzengestalt sehr ausgeprägt. Die Darstellungen wirken gerade dadurch dekorativ. Als der Holzschnitt noch die einzige Möglichkeit war, Bilder in Druckwerken wiederzugeben, diktierte schon der verhältnismäßig starke Strich dieser Technik derbe Abstraktionen im Dienste leichter Erkennbarkeit. In der Tat erkennt man auf solchen Bildern eine Pflanze oft besser als auf gleich großen Fotos. Das Abweichen vom wirklichen Maßstab zugunsten einer deutlicheren Aussage der Einzelheiten unter Vernachlässigung perspektivischer Verkürzungen gehört deshalb schon seit langem zu den Gestaltungsmitteln des Pflanzenzeichnens. Hier kommt es eben oft darauf an, dem Betrachter Einzelheiten zu zeigen. Die künstlerische Darstellung nimmt sich diese Freiheit des Maßes ohnehin. Sie ordnet den Maßstab der Bildwirkung unter. Kunst läßt sich nicht mit Hilfe von Empfehlungen und Regeln hervorrufen. Deshalb bleiben wir für unsere Zwecke beim erlernbaren Können.

Aus Kräuterbüchern des 16. Jahrhunderts: Erste und dritte Spalte L. Fuchs, zweite und vierte Spalte A. Lonitzer

Einzelne Blätter oder Blüten zu zeichnen, bringt auch den Anfänger nicht in Widersprüche zum Abbildungsmaßstab. Das Motiv ist hier gut überschaubar und wird allenfalls unharmonisch in das gegebene Papierformat gestellt. Die Schwierigkeiten setzen ein, wenn Sie eine ganze Pflanze abzeichnen wollen. Sie besteht, sofern es sich nicht um ein junges Pflänzchen handelt, aus vielen Teilen, die untereinander bestimmte Maßverhältnisse aufweisen. Sie haben gesehen, daß Sie die Größe von Blättern zum Ganzen verändern dürfen, oft sogar müssen, aber in sich sollten die Blätter bei naturgerechter Darstellung im richtigen Verhältnis zu-

nehmen mangels Platz auf dem Papier beenden. Sie sahen die Einzelheit, berücksichtigten aber nicht das Ganze. Deshalb komme ich wieder auf meine Empfehlung zurück, das zu zeichnende Modell erst einmal ruhig zu betrachten, ohne gleich loszulegen. Machen Sie sich ein Bild, aber nicht auf dem Papier, sondern erst in Ihrer Vorstellung. Dieses Bild umfaßt die ganze Pflanzengestalt, die Sie wiedergeben wollen. Nehmen Sie zunächst den Umriß der Gesamtform wahr. Die Einzelheiten ergreifen Sie später. Für das Finden eines geeigneten Abbildungsmaßstabes eignet

Fehlerbeispiel: Zu groß begonnen, das Motiv paßt nicht aufs Papier

einander stehen. Sie können Blätter weglassen, aber ihnen nicht beliebige oder beliebig wechselnde Größen geben.

Gehen wir noch einmal zum Anfang: Sie sitzen vor einer Pflanze und hätten sie gern auf dem Papier. Wenn Sie jetzt mit einem Pflanzenblatt zu zeichnen beginnen, es aufmerksam und genau ausarbeiten, ist die Wahrscheinlichkeit groß, daß Sie beim dritten oder fünften Blatt Ihr Untersich das im zweiten Abschnitt empfohlene »Luftzeichnen« recht gut. Umkreisen Sie mit Blick und Bleistift, aber zunächst ohne sichtbare Striche zu zeichnen, den Umriß und setzen Sie den in Ihrer Vorstellung auf das vor ihnen liegende Blatt Papier. Sie sollten das gegebene Format dabei soweit wie möglich ausnutzen, ohne an den Rändern ins Quetschen zu geraten. Arbeiten Sie dann mit dem Bleistift probierend und skizzierend von außen nach innen, vom Umriß zur Einzelheit. Sie werden oft staunen, wie klein Blätter oder Blüten, auf die es Ihnen in erster Linie ankam, am Ende werden müssen, weil nur wenig Platz für sie im Verhältnis zur Pflanzengestalt bleibt. Wenn Sie dabei zu unbefriedigenden Größen kommen, dann sollten Sie sich einen bildwirksamen Ausschnitt suchen, etwa ein Sproßstück mit nur zwei Seitentrieben und deren Blüten oder wenige Blätter.

Gehen Sie nicht den umgekehrten Weg, wenn Sie etwa eine Blüte zur Darstellung reizt: Die bringen Sie auf Ihr Papier und zeichnen danach soviel von der übrigen Pflanze dazu, wie das Papier zuläßt. Das wäre gestrickt, aber nicht gezeichnet. Sie können mit der Ausarbeitung einer Blüte beginnen, wenn sie Ihrem Blick am nächsten liegt und zum Hauptmotiv oder Mittelpunkt Ihrer Zeichnung werden soll. Aber das setzt voraus, daß Sie die Umrisse Ihres ganzen Motives auf dem Papier wenigstens in zarten Strichen angedeutet haben

Strichgerüst

und damit der Blüte ihren Platz zuweisen.

Bei vielteiligen Pflanzen reicht ein Umreißen des Ganzen nicht. Sie brauchen zur Weiterarbeit im gleichen Maßstab auch die wichtigsten Raumteilungen innerhalb der

Umrißlinie. Mit hauchfeinen Näherungsstrichen tasten Sie sich am leichtesten an die richtigen Binnenmaße heran. Hierbei hilft Ihnen ein weicher Radiergummi. Vorzeichnungen erfordern weiche, nicht gespitzte Bleistifte; ihre Spuren lassen sich am besten und ohne im Papier zurückbleibende Rinnen wieder abradieren. Arbeiten Sie mit möglichst lockerer Hand und verbessern Sie sich sofort, wenn Sie einen Fehler in den Größenverhältnissen eines Teilmotives entdecken. Ein Maßstabfehler zieht zwangsläufig andere nach sich. Sie können, auf die Größen bezogen, nicht ein Teilmotiv falsch und die anderen richtig zeichnen.
Wenn Sie das Strichgerüst setzen, kann es hilfreich sein, die wichtigsten Formen in Gerade aufzulösen. Das widerspricht dem Charakter des Pflanzlichen, aber es handelt sich ja nur um Hilfslinien, nicht um später sichtbare Elemente der Zeichnung. Maßverhältnisse werden als Gerade und Winkel leichter erfaßt und wiedergegeben als bogige Linien. Ein Bogen hat keine Winkel. Sie können ihn deshalb nur ungenau auf seine Richtigkeit überprüfen. Je größer Ihr Blatt und je vielfältiger Ihre Vorlage ist, desto weniger können Sie auf das

Vorzeichnen eines Maße-Gerüstes verzichten. Das gilt für eine gute Strecke Ihres Lernweges. Das maßnehmende Vorarbeiten veranlaßt Sie zudem, Größenverhältnisse einzuschätzen, die Sie vorher gar nicht beachteten. Wer gemeinhin eine Blume betrachtet, erfreut sich an ihren harmonisch geschwungenen Formen, an ihren Farben und an ihren Lichtspielen. Wer sie zeichnet, beson-

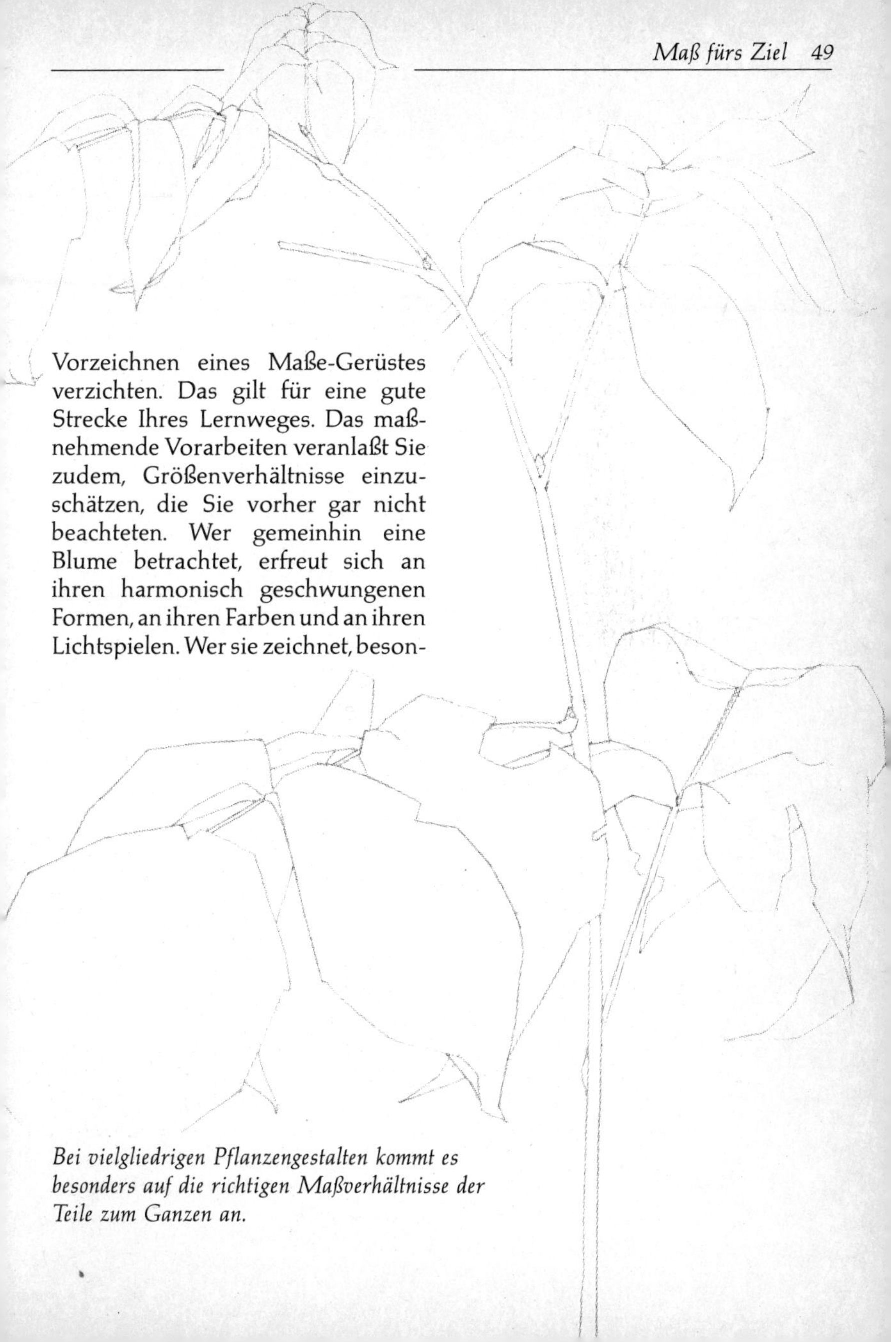

Bei vielgliedrigen Pflanzengestalten kommt es besonders auf die richtigen Maßverhältnisse der Teile zum Ganzen an.

ders im Zusammenhang mit der ganzen Pflanze, muß auch Maße sehen. Haben Sie ein solches Gerüst oft genug bis zu seiner Richtigkeit aufgerissen und verarbeitet, so können Sie diese Stütze eines Tages wie eine überflüssige Krücke fallenlassen. Dann zeichnen Sie frei, aber geleitet von Ihrem an Maßverhältnissen geschulten Auge. Gehen Sie dagegen gleich ohne die Stütze bewußt gemachter Maße, dann werden Sie oft Kompromisse zwischen Wirklichkeit und Darstellung schließen

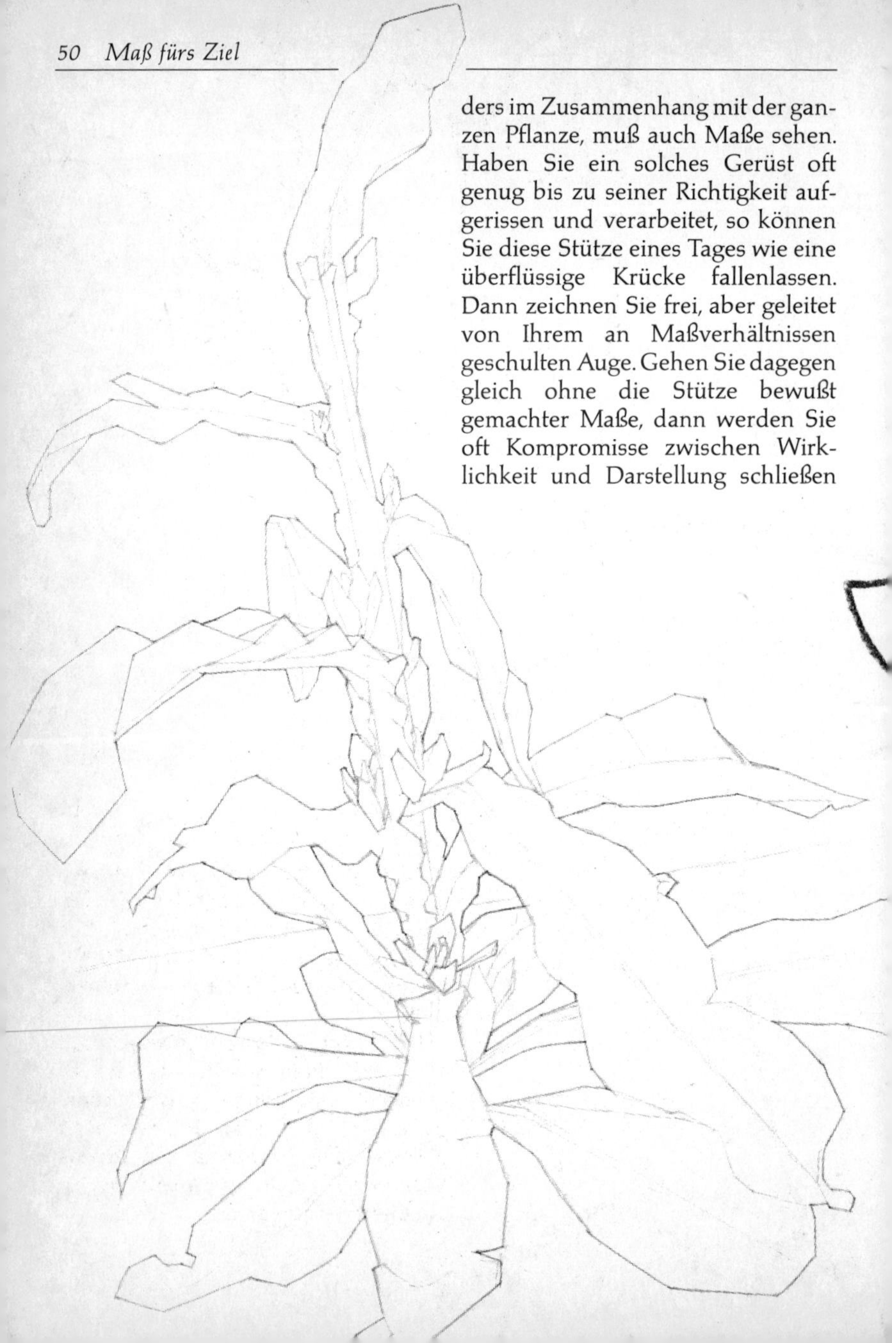

müssen, die Ihren Lernweg unnötig in die Länge ziehen.
Das Wahrnehmen von Maßverhältnissen setzt Sie schließlich erst in den Stand, den Schwingungslinien der Pflanze nachschaffend, das heißt mit schöpferischer Teilhabe zu folgen. Das fürs Pflanzenzeichnen unzureichende konstruktive Element dürfen Sie nicht umgehen. Sie müssen es wenigstens gradweise beherrschen, um es später hinter sich lassen zu können. Die Freiheit des Zeichnens kann den Regeln entwachsen, wenn man sie beherrscht.

5 Blüten im Licht

Den praktischen Übungen zum Blütenzeichnen nach der Natur gehen im folgenden Hinweise zum Verständnis der Blüten aus zeichnerischer Sicht voraus. Goethe, der sich bis ins hohe Alter betrachtend mit Pflanzen beschäftigte, erkannte in ihren Blüten umgewandelte Blätter. Die Botanik bestätigt die stammesgeschichtliche Metamorphose von grünen Blättern in die Organe der Blüte, wie Kelchblätter, Kronblätter, Honigblätter, Staubgefäße (Staubblätter) und Fruchtblätter. Die Formverwandtschaft der »Blütenblätter« (Kronblätter oder Perigonblätter) mit den Laubblättern liegt uns vor Augen. In ihren Teilen bringt uns die Blüte deshalb keine grundsätzlich neuen Formen, doch schließen sich diese Teilorgane zu einer neuen Einheit zusammen, die als in sich geschlossenes und sinnvolles Gebilde einen höheren Rang einnimmt als die Blätter. Das gilt in mehrfacher Hinsicht:

1. Im Lebenskreis der Pflanze bezeichnet das Aufblühen ihren Höhepunkt. Einjährige Pflanzen haben einen, mehrjährige viele solcher Hoch-Zeiten. Hier finden sich bei den Blütenpflanzen, der höchstentwickelten Gruppe des Pflanzenreiches, männliche und weibliche Geschlechtszellen zur Befruchtung für die geschlechtliche (generative) Vermehrung zusammen. Nach dem Blühen und Fruchten sterben die einjährigen Pflanzen ab. Sommergrüne Stauden unseres Klimaraumes »ziehen ein«, sie überwintern in den Wurzeln, viele Gehölze werfen ihr Laub ab.

2. Von den krautartigen Pflanzen blühen wohl die meisten Arten endständig, das heißt, die Blüten stehen am Ende ihrer Sprosse, so daß sie die höchsten Plätze der Pflanzengestalt bezeichnen. Es ist, als wolle die Pflanze ihre Blüten der Sonne entgegenhalten.

3. Die Blütenentwicklung steht in enger Beziehung zum Sonnenlicht. Viele Blüten öffnen sich nur bei unmittelbarem Sonnenschein, sie schließen sich bei bedecktem Himmel. Das Hervorleuchten der Blüten aus dem Wiesengrün oder auf Sträuchern und Bäumen rührt vom Licht her, das die weißen oder farbigen Blütenblätter stärker zurückwerfen als das Blattgrün des umgebenden Laubes.

4. Blüten wollen gesehen werden. Soweit es sich nicht um Windbestäu-

ber handelt, die unscheinbar bleiben können, sind sie auf Kerbtierbesuch angewiesen, um ihren Daseinszweck der Befruchtung erfüllen zu können. Mit Duft und farbigem Licht machen die Blüten auf sich aufmerksam. Sie sprechen aber damit nicht nur die Insekten, sondern auch uns Menschen an, obwohl wir im engeren biologischen Sinne nichts mit ihnen zu tun haben. Der Mensch empfindet Blüten als schön, er erfreut sich an ihnen. Schon kleine Kinder fühlen sich von Blumen angezogen, bewundern und ergreifen sie. Wir verschenken Blumen als jedem verständliches Symbol der Zuneigung.

Betrachten wir eine blühende Pflanze, so lenken wir unseren Blick unwillkürlich auf ihre Blüten. Sinngemäß soll die Blüte innerhalb einer Pflanzendarstellung die Aufmerksamkeit des Betrachters auf sich ziehen. Die grafischen Mittel, mit denen wir das erreichen können, knüpfen unmittelbar an die vorausgegangenen vier Gesichtspunkte an:

1. Das Erscheinen einer Blüte setzt grüne Blätter voraus. In den Blättern erzeugt die Pflanze mit Hilfe des Blattgrüns, des Sonnenlichts, der Luft, des Wassers und mineralischer Salze des Bodens organische Nährverbindungen. Die Blüte entfaltet sich gleichsam auf Kosten der Blätter. Das gilt auch für Blüten, die scheinbar ohne Blätter auskommen, zum Beispiel Seidelbast oder Herbstzeit-

lose. Hier entwickeln sich Blätter und Blüten nur in einer anderen Reihenfolge. Auf einer Zeichnung kommen Blüten am besten im Zusammenhang der Blätter zur Geltung. Blüten »an sich« wirken ohne Sprosse und Blätter verloren oder abstrakt. Wo in der Natur Blüten ohne Blätter erscheinen, etwa auf dem Mandelbäumchen oder auf Schlehenzweigen, schafft das mitgezeichnete Holz der Zweige den gewünschten Hintergrund und Rahmen, aus dem die Blüten hervortreten. Beim Krokus, der auch vor seiner Blattentfaltung blühen kann, wird gleichsam stellvertretend das umgebende Bodengras mitgezeichnet, ebenso bei der Herbstzeitlose, deren Blätter erst nach ihrer Blüte erscheinen. In aller Regel aber blüht die Pflanze aus ihrem Grün heraus. Für eine gute Bildwirkung zeichnen wir so viel davon mit, daß die Blüte organisch verankert oder eingerahmt ist. Einer Tulpenblüte, die Sie mit ihrem Stengel zeichnen, fehlen Basis und Gegengewicht, wenn Sie die Blätter weglassen. Gleiches gilt für die Hyazinthe. Hier schaffen die ganzrandigen und großformigen Blätter eine ruhige Gegenbewegung der Linien zum kleinförmigen Gewimmel des Blütenstandes. Auch glockenförmig hängende Blüten bedürfen in einer Zeichnung wenigstens einiger Blätter, aus denen sich der Stengel erhebt.

2. Bei endständigen Blüten ergibt sich ihre Stellung auf der oberen Hälfte des Zeichenpapieres aus dem Motiv selbst. Auch Blüten, die von Trieben überragt werden, sitzen vor allem im oberen Teil der Pflanze und sollten auch dann auf die obere

Blatthälfte gezeichnet werden, wenn Sie nur einen Ausschnitt wählen, etwa einen blühenden Baumzweig. Blüten gehören in der Regel nicht in die untere Blatthälfte. Stehen über ihr andere Motive oder Pflanzenteile, so kann das auf den Betrachter drückend wirken. Sie sollten dann den Ausschnitt Ihres Motivs so wählen, daß die Blüten nach oben rücken und über sich »Luft« bekommen. Blüten wollen im Licht stehen, und das könnte nicht im Unterteil der Pflanze der Fall sein. Blüten, die sich unmittelbar über dem Wurzelhals, also am Boden öffnen, gehören zu niedrigen Polsterpflanzen, wie sie in der alpinen Region wachsen, wo sie weder durch sich selbst noch von Nachbarpflanzen überragt oder beschattet werden.

Das Zeichenblatt ist ein symbolträchtiges Abbild der Welt, ein Rechteck, in dem sich Größeres spiegelt. Der obere Papierrand bezeichnet den Himmel, der untere die Erde. Mit dieser Sinngebung, die schon Kinder unbewußt einhalten, wenn sie die Sonne nach oben setzen und ein Haus auf den unteren Rand des Blattes wie auf die Erde stellen, müssen wir beim Zeichnen rechnen. Optische Mittelpunkte oder Blickfänger stehen deshalb vorteilhaft oberhalb der Papiermitte. Eine Ausnahme bilden welkende oder absterbende Blüten.

3. Blüten werden durch Licht hervorgerufen; sie werfen weißes Sonnenlicht, wenn sie nicht selbst weiß sind,

Tigerblume

Tulpe

farbig zurück. Genaugenommen kann man Blüten gar nicht zeichnen, man müßte sie aussparen. Bei einer Zeichnung ist das Papierweiß der hellste zur Verfügung stehende Ton. Dunkle Konturen beschweren die Blüte und machen gewichtig, was leicht ist; sie verdunkeln, was leuchten will, und verdichten das Zarte. Das Wesen der Blüte liegt eben nicht in ihrer Form, sondern in ihrer Ausstrahlung. Deshalb kommt es beim Zeichnen darauf an, der Blüte ein dunkleres Umfeld zu schaffen, aus dem sie herausleuchtet. Das kann durch größere Strichdichte für die grünen Blätter und Sprosse oder durch Schraffuren, bei Wischtechniken durch flächiges Abdunkeln des Hintergrundes geschehen. Als wichtigstes zeichnerisches Mittel, einer dargestellten Blüte Strahlkraft zu geben, bietet sich die Linienführung an.

Urbild des Strahlenden ist die Sonne. In den Sonnenblumen finden wir ihr Abbild wieder: Kreis und Strahlenkranz. Die außerordentlich artenreiche Pflanzenfamilie der Korbblütler zeigt diesen Aufbau. Vom Gänseblümchen bis zur Lotusblüte folgen ungezählte Pflanzen auch anderer Familien diesem Urbild des Strahlens, abgewandelt, ausgeschmückt, bereichert und vereinfacht bis zum nur dreizähligen Stern. Den allseitig oder drehsymmetrischen Blüten ist das Hinausweisen von strahlenartigen Kelchblättern, Kronblättern oder kronblattartigen Zungenblüten gemeinsam. Bisweilen unterstützen auch grüne Blätter

Blattkrone der Balsamine

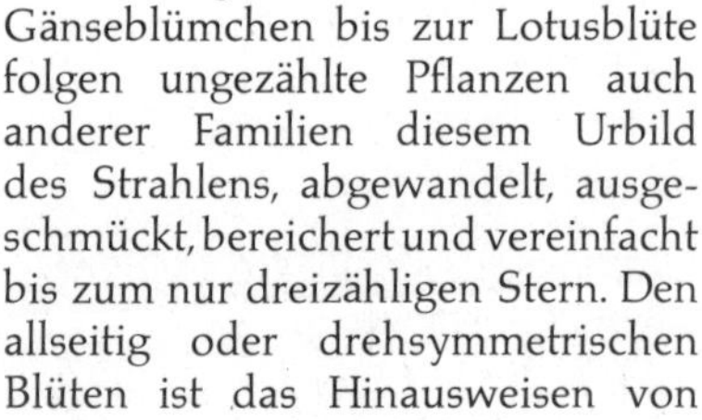

Winde und Schmuckkörbchen (unten)

durch ihre Anordnung die zentrierende Blickfangwirkung. Daneben gibt es zahlreiche zweiseitig symmetrische Blüten vielfältigster Bauweise, die mit Farben und Formen beidseitig einer Symmetrieebene auf sich aufmerksam machen.

Blüten der gleichen Art können verschieden groß werden, aber ihre Veränderlichkeit in sich ist weit geringer als die der grünen Blätter. Vor allem ihre Zahlenverhältnisse sind im allgemeinen recht genau festgelegt. Man kennt 3-, 4-, 5- oder mehrzähligen Blütenbau. Die Vergänglichkeit der Blüten erfordert keine Festigkeit der Teile, keine sichtbare Statik, kein dauerhaftes Gewebe. Blüten leben gleichsam ohne Schwere, drücken auf tausendfältige Art nur eins aus: Seht her!

Zum praktischen Zeichnen:
Blüten wollen locker und leicht gezeichnet werden. Es empfiehlt sich deshalb nicht, sie wie andere Gegenstände abzuzeichnen, indem wir Maß an ihnen nehmen, um Strich für Strich den Blütenbau auf dem Papier zusammenzusetzen. Sie kommen leichter ans Ziel, wenn Sie Blüten zunächst rhythmisch aus Schwingungen hervorgehen lassen. Das Strahlende einer Blüte kann durchaus geometrisch, aber nicht mathematisch genau dargestellt, aus 3-, 4-, 5-, 6- oder vielstrahligen Sternen entwickelt werden. Zeichnen Sie diese Hilfslinien so beweglich und zart, wie das für das Einteilungsgerüst im vorigen Abschnitt empfohlen wurde. Beginnen Sie mit einfachen Strichsternen. Sie finden hier Beispiele aufgeführt.

Lassen Sie die Geraden sich in einem Punkt kreuzen. Lockerheit Ihrer Striche ist wichtiger als Genauigkeit. Setzen Sie viele solcher Sterne nebeneinander.

Nun ziehen Sie um den Strichstern einen begrenzenden Kreis: frei und zügig. Gerät ein Kreis unbefriedigend, brauchen Sie ihn nicht auszuradieren, machen Sie den nächsten besser!

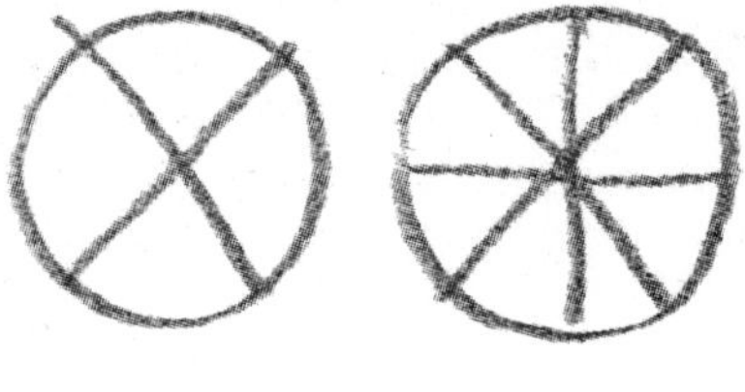

Nun umschwingen Sie den Stern mit Bogen, wie sie Ihnen leicht aus der Hand laufen. Es kommt nicht auf eine besonders gleichmäßige Arbeit, sondern auf ein rhythmisches Zeichnen an. Schwingen Sie Bogen um Bogen, ohne abzusetzen. Und schon entsteht

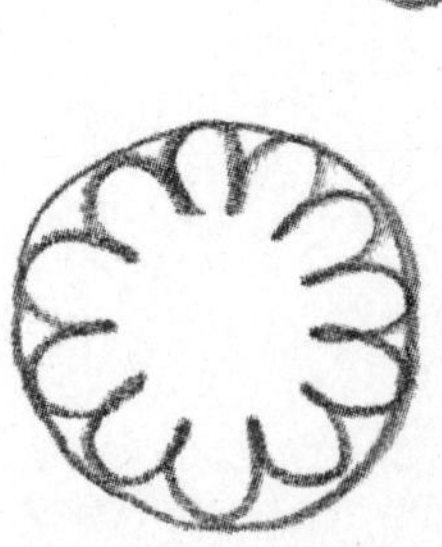

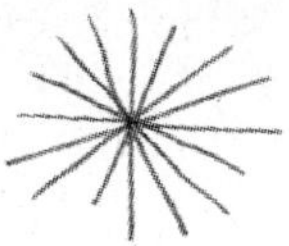

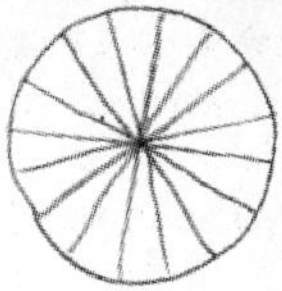

ein Blütengebilde. Alles, was jetzt noch kommt, sind Variationen eingeschwungener Sterne. Erfinden Sie über die hier gezeigten Blütenmuster hinaus sternige und blumige Gebilde. Jede Stilisierung ist erwünscht, wenn nur Blüten- oder Strahlenhaftes erkennbar bleibt. Mehr über das Zeichnen von Blüten steht im achten Kapitel.

Schülerarbeit

Beim Fortschreiten von Vorübungen zum Blütenzeichnen sollte die Lockerheit der Strichführung beibehalten werden, auch wenn dadurch zunächst Einzelheiten der Pflanze verlorengehen.

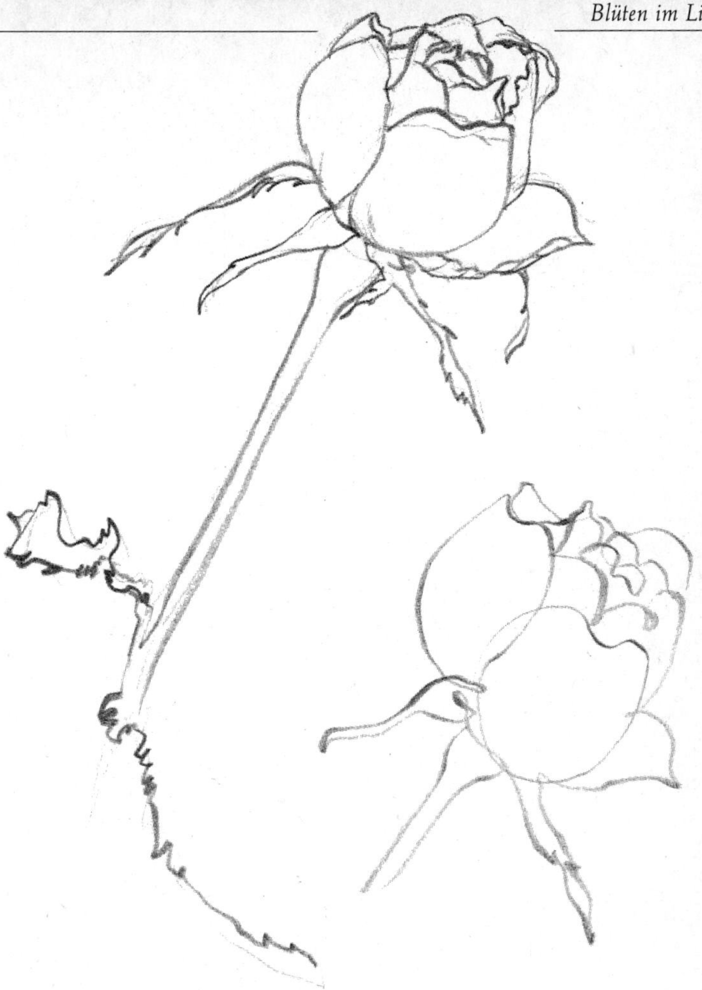

Lockere bis schwingende Strichführung bedarf unentwegter Übung. Gerade bei einer etwas freier werdenden Strichführung müssen die Maßverhältnisse und Überschneidungsgesetze immer wieder am Motiv studiert und beachtet werden. Dabei ist es nützlicher, in mehreren unmittelbar aufeinanderfolgenden Zeichnungen sich des Motivs zu bemächtigen und jeweils aus den gemachten Fehlern zu lernen, als ängstlich mit dem Radiergummi zu arbeiten.

6 Ökonomie der Linie

Könner setzen ihre bildnerischen Mittel so sparsam und wirkungsvoll wie möglich ein. Bei der Wischi-Waschi-Methode bietet der Zeichner eine Vielzahl halbverbindlicher Linien an, unter denen sich der Betrachter die richtigen heraussuchen darf. Bewegliche Objekte, wie Tiere, zwingen mitunter zu solchen Näherungszeichnungen; sie können durchaus von künstlerischem Reiz sein. Pflanzen aber wirken nicht durch die Schönheit ihrer Bewegung, sondern durch die Harmonie ihrer Formen, sie erfordern und erlauben klare Linien der Darstellung.

Auf einige Gesichtspunkte, deren Beachten wesentlich zum Gelingen einer Zeichnung beitragen, soll im folgenden aufmerksam gemacht werden. Wenn Sie in diesen Punkten nach und nach Fortschritte erzielen, werden sich Ihre gezeichneten Linien zu überzeugenden Darstellungen

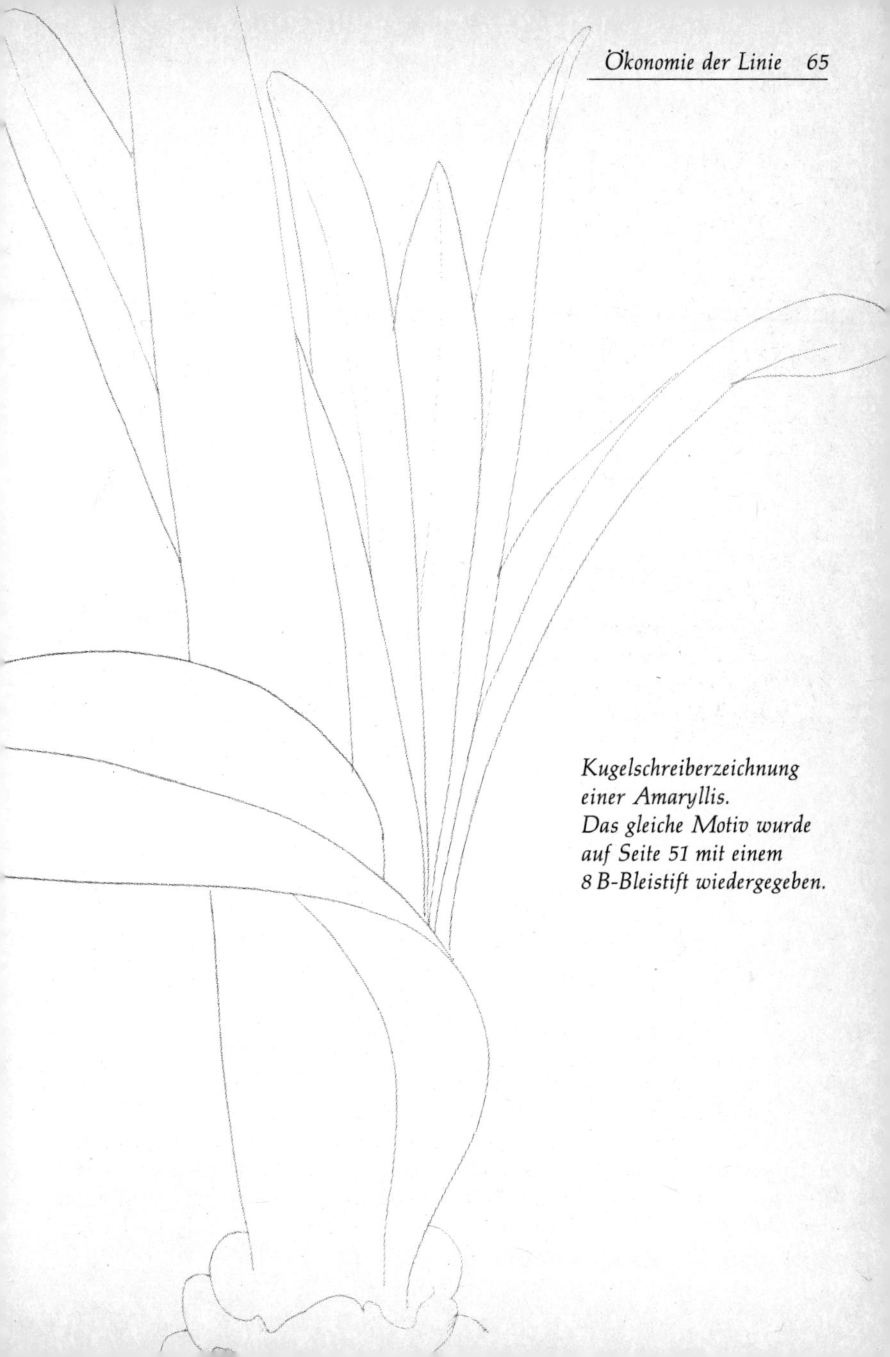

Kugelschreiberzeichnung einer Amaryllis. Das gleiche Motiv wurde auf Seite 51 mit einem 8 B-Bleistift wiedergegeben.

schließen können. Die im Anschluß an die meisten der aufgeführten Gesichtspunkte empfohlenen Übungen setzen einen Anfang mit offenem Ende.

Das Motiv

Ihr erster Schritt zu einer Zeichnung ist die Motivwahl. Etwas Ihrer Umgebung reizt Sie zur Darstellung. In wenigen Augenblicken der Sammlung vor Ihrem Modell kommt es darauf an, daß Sie Ihr Motiv abgrenzen. Wollen Sie eine ganze Pflanze zeichnen, steht der Bildinhalt schon fest. Fassen Sie aber einen Ausschnitt ins Auge, so müssen Sie sich über Anfang und Ende Ihres Motivs klarwerden. Geübte leisten diese Klärung in ihrer Vorstellung. Anfänger skizzieren vorteilhaft ihr Motiv auf das vorgesehene Papier. Wir beschrieben diesen Vorgang als ein Maßnehmen oder Gerüstsetzen. Indem Sie die Bildgestalt anreißen, machen Sie sich mit Ihrem Modell vertraut.

Übung: Oft sehen Sie etwas bei Gelegenheiten, die sich nicht zum Zeichnen eignen; oder Sie haben Ihren Zeichenblock nicht dabei. Nehmen Sie sich dann, wenn es die Umstände erlauben, Zeit, eine Art Vorzeichnung Ihres Motivs in der Vorstellung durchzuführen. Wenn Sie das regelmäßig und mit Hingabe, also nicht flüchtig tun, schulen Sie Ihr Auge und Ihre Vorstellungskraft fürs Zeichnen. Sie können zusätzlich einen Fotoapparat, am besten mit Nahlinse oder Makroobjektiv ausgerüstet, benutzen, um Ihren Eindruck festzuhalten, ihn vielleicht später aus der Erinnerung und mit Hilfe Ihres Fotos doch noch zu zeichnen.

Links unten:
Die Birnenblüte in ihrer Umgebung, im Bild darüber wurde sie als Motiv erkannt, daneben ist sie gezeichnet.

Das Motiv will aus seiner Umgebung herausgelöst sein. Hier wurde ein Laubblatt am Johannisbeerstrauch (links unten) zum Motiv (rechts unten) vereinzelt.

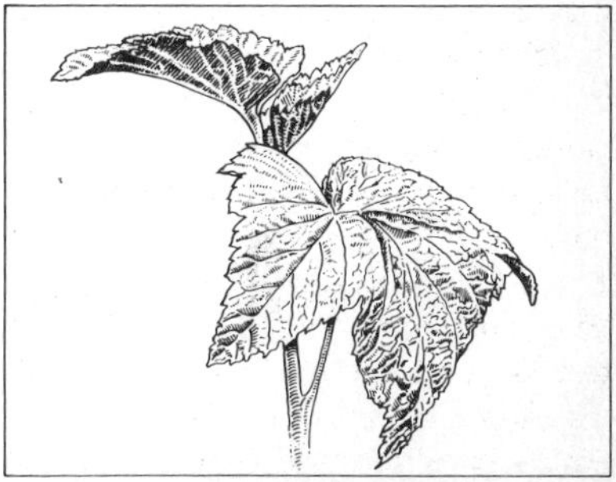

Das Papierformat

Lupinen lassen sich schlecht im Querformat, Seerosen dagegen ungünstig im Hochformat wiedergeben. Es wäre falsch, wenn Sie grundsätzlich kleiner zeichnen, als es Ihr Papierformat zuläßt, um hinterher das Papier so zu beschneiden, daß die Zeichnung gut im Format steht. Damit brächten Sie sich um einen wichtigen Vorgang der Bildentstehung: das Einpassen Ihres Motivs in ein vorliegendes Papierformat. In vielen Fällen wird das Papierformat sogar die Motivwahl beeinflussen. Wenn Sie abschätzen, daß Motiv und Papierformat nicht in Einklang zu bringen sind, dann verändern Sie die Stellung des Motivs, wählen einen günstigeren Ausschnitt oder beschneiden das Papier, *bevor* Sie mit der Vorzeichnung beginnen. Erfahrungsgemäß zeichnet es sich auf ein Endformat leichter als auf ein zu großes Papier, weil Sie die Papierränder bewußt oder unbewußt zum Maßnehmen hinzuziehen. Ist das Papier wesentlich größer, als es für die Art Ihrer Zeichnung nötig wäre, kommen Sie leicht ins Schwimmen und verändern während des Zeichnens ungewollt Ihren Maßstab. Daraus gehen die meisten Fehler beim Zeichnen nach der Natur hervor. Auch die senkrechten und waagerechten Kanten Ihres rechteckigen Papiers, das deshalb gerade und

nicht schräg wie beim Briefschreiben vor Ihnen liegen sollte, geben hilfreichen Anhalt beim Bestimmen Ihrer Strichrichtungen.

Übung: Schneiden Sie sich eine Reihe von Zeichenpapieren verschiedener Größen und unterschiedlicher Seitenverhältnisse zurecht – quadratisch und rechteckig, aber weder extrem breit noch extrem hoch. Die Größen dürfen zwischen Notizzettel und Plakat schwanken. Zeichnen Sie nun ein gleiches Motiv hintereinander auf verschiedene Papierformate und achten Sie auf ein harmonisches Hineinstellen der Zeichnung in das gegebene Papier.

Die Verankerung im Raum

In der Natur fügt sich die Pflanze nicht beliebig in das Koordinatensystem von Horizont und Höhe. Sie wächst mit ihrer Hauptsproßachse in der Regel senkrecht, sofern nicht besondere Standortbedingungen, wie Lichtmangel oder Enge, Abweichungen verursachen. Ihre Zeichnung ist eine kleine Welt für sich. In ihr gelten, in unmittelbarer Beziehung zu den Naturgesetzen, Bildgesetze. So wie die Pflanze durch ihr Wachsen der Schwerkraft und damit der Senkrechten Rechnung trägt, um im Gleichgewicht zu bleiben, so verlangt Ihre Zeichnung ein Bildgleichgewicht. Wenn Sie einen Baum schief zeichnen, ruft das im Betrachter ein

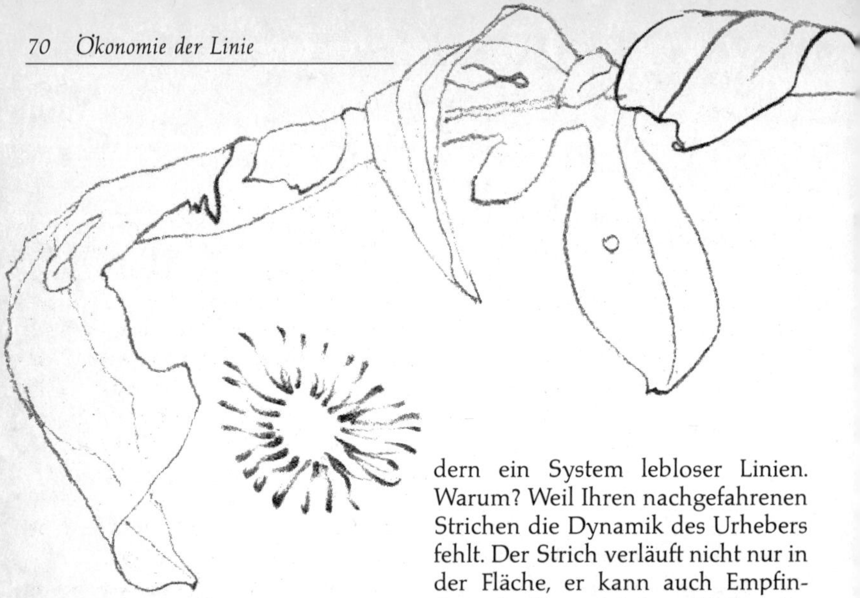

störendes Gefühl der Unausgewogenheit hervor. Auch wenn Ihre Projektionsebene nicht genau Seitensicht, sondern die teilweise Draufsicht ist, oder wenn die Blickrichtung, etwa bei einer Baumdarstellung, nach oben führt, bleibt die Senkrechte in der Natur auch das Lot auf Ihrem Bild. Das ist bei einer Plastik oder bei einer Fotografie nicht anders. Kippen Sie aus der Senkrechten, dann verliert der Betrachter den Boden unter den Füßen.

Modulationen

Wenn Sie eine meisterhafte gegenständliche Zeichnung durchpausen – ein frivoler Gedanke –, dann erhalten Sie auch bei gewissenhafter Arbeit keine Meisterzeichnung, sondern ein System lebloser Linien. Warum? Weil Ihren nachgefahrenen Strichen die Dynamik des Urhebers fehlt. Der Strich verläuft nicht nur in der Fläche, er kann auch Empfindungskraft ausdrücken. Stellen Sie sich eine Klaviersonate, die Sie schätzen, einmal von einem Pianisten, das andere Mal von einem elektronischen Tonerzeuger exakt nach Noten und Takt wiedergegeben vor. Obwohl die gleiche Vorlage buchstabengetreu benutzt wurde, handelt es sich im ersten Fall um Musik, im zweiten um ein Skelett von Musik ohne Fleisch und Blut. Ein leicht wahrnehmbares Qualitätsmerkmal empfundener Wiedergabe, das der mechanischen abgeht, ist die Modulation der Töne, bei der Zeichnung die Modulation oder Dynamik der Linien. Sie äußert sich in einem An- und Abschwellen als Mittel der Gestaltung von Ton oder Linie. Eine Grundlage solcher Freiheit schöpferischen Tuns liegt auch in der handwerklichen Beherrschung der jewei-

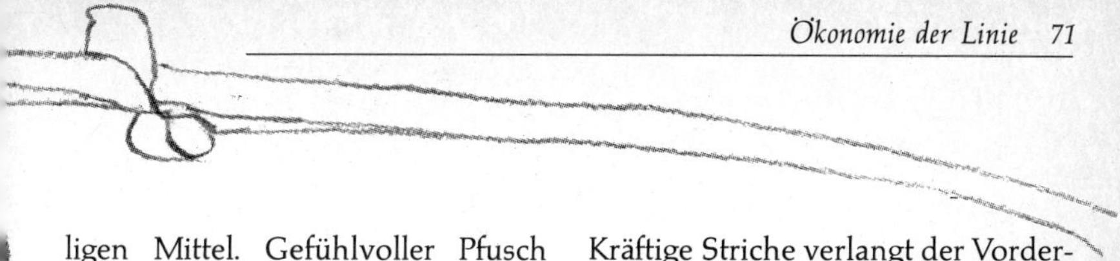

ligen Mittel. Gefühlvoller Pfusch dauert nicht als Kunst fort.

Die Linien meisterlicher Zeichnungen zeigen eine Vielfalt von Abstufungen der Strichstärke. In der Musik und in der Zeichenkunst lassen sich durch Differenzierung der Töne oder Linien Motive herausarbeiten, andere zurückdrängen, läßt sich Räumlichkeit darstellen. Ich rate dem Anfänger und dem Fortgeschrittenen zum weichen Bleistift, weil dieses Zeichenmittel größeren Spielraum der Strichführung läßt als ein harter Stift oder eine Stahlfeder.

Kräftige Striche verlangt der Vordergrund mit seinem Hauptmotiv. Es wäre aber ein Fehler, hier Kontur an Kontur durchgehend stark zu halten. Kräftige Töne und Konturen wirken durch den Gegensatz zu zarten. Wo Lichtkanten vor Schatten stehen, bilden sich deutliche bis harte Tongegensätze aus, die man mit kräftigen Linien wiedergeben kann. Das »Herausholen« eines Themas durch betonte Linien kommt nur vor dem zurückhaltenden Linienspiel nachgeordneter Figurationen zur Geltung. Was der klassische Land-

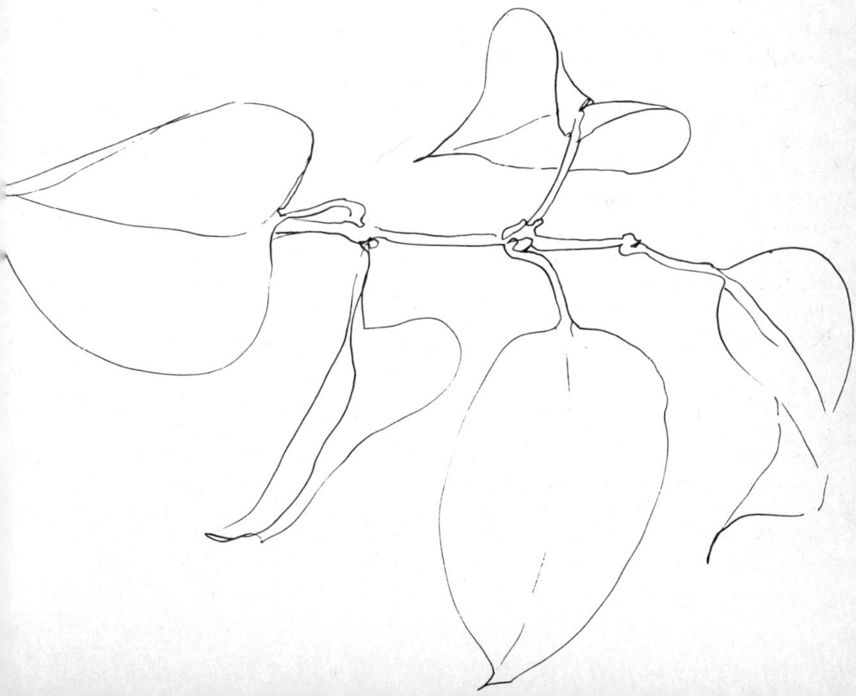

schaftsmaler mit dichten Vordergrundfarben einerseits und zarten Blaustufen des Hintergrundes andererseits an Raumtiefe ins Bild brachte, muß der Zeichner, dem nur einfarbige Linien zur Verfügung stehen, durch seine differenzierende Strichführung ausdrücken. Sein Spielraum zwischen dem Schwarz des vollen Strichs und dem Papierweiß ist schnell erschöpft, er muß mit seinen beschränkten Möglichkeiten »wirtschaftlich« umgehen, eine Ökonomie der Linien entwickeln.

Das Einüben dynamischer Strichführung möchte ich im Rahmen unseres Lernweges mit keinem besonderen Arbeitsschritt empfehlen.

Zu leicht gerät der Anfänger dabei in leere Schwünge und in ein hohles Pathos, das nur ihn, aber nicht den Betrachter bewegt. Eine Dynamik des Zeichnens stellt sich mit wachsendem Können ein und sollte dann behutsam fortentwickelt werden. Auch der Dirigent braucht keine gymnastischen Übungen, um seinen Körper vor dem Orchester mitreißend bewegen zu können. Die Bewegung ist hier wie dort nur ein Träger schöpferischen Tuns.

Rechts: Schematische Schraffur zur Unterscheidung der dunklen Rinde vom grünen Sproß; links: Kennzeichnung rauher Kelchblätter durch Schraffurstriche

Die Schraffur

Aneinandergereihte Strichlagen bilden ein bedeutendes Ausdrucksmittel zum plastischen Herausarbeiten räumlich empfundener Formen. Die Schraffur ersetzt dem Zeichner den flächendeckenden Pinsel. Viele aneinandergesetzte Parallelstriche schließen sich je nach ihren weiter oder enger gehaltenen Abständen zu

Schülerarbeit

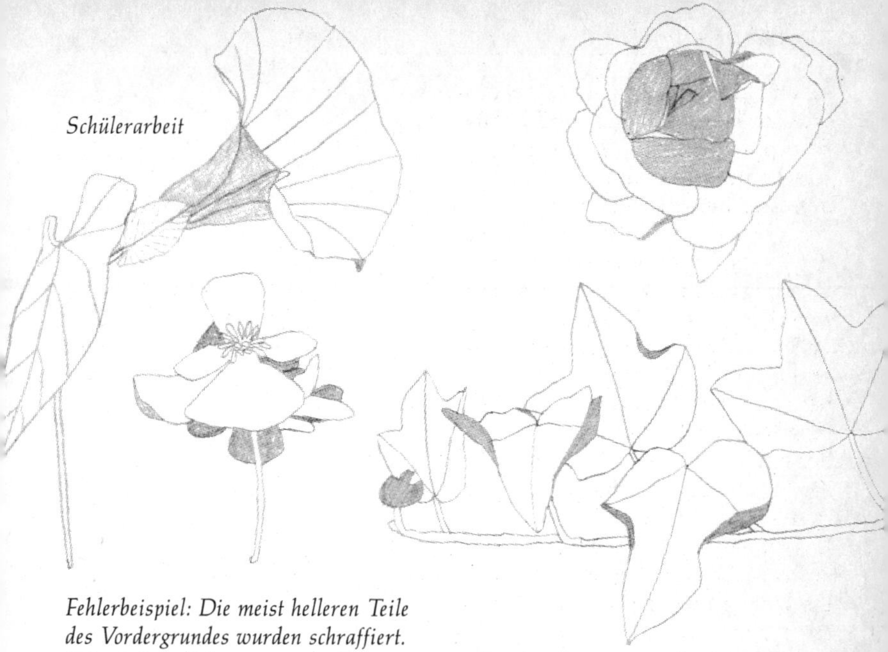

Fehlerbeispiel: Die meist helleren Teile des Vordergrundes wurden schraffiert. Beim Motiv links unten sitzt die Schraffur richtiger.

Grauwerten zusammen, die bis ins Schwarz verdichtet werden können. Die Schraffur macht Zeichnungen malerisch, sie erlaubt die Darstellung schattierter Flächen. Ein wenig zu schattieren, um damit räumliche Wirkungen hervorzubringen, ist kinderleicht. Dem Anfänger ist aber zu raten, sich erst mit der Schraffur zu beschäftigen, wenn er nicht mehr vorrangig um die richtigen Maßverhältnisse seiner Motive ringt. Mit dem Schattieren vermehren sich die Probleme auf Ihrem Zeichenblatt um die dritte Dimension. Befriedigende Lösungen des Räumlichen werden Sie aber erst finden, wenn Sie die zwei Dimensionen der Fläche einigermaßen beherrschen. Sonst wird

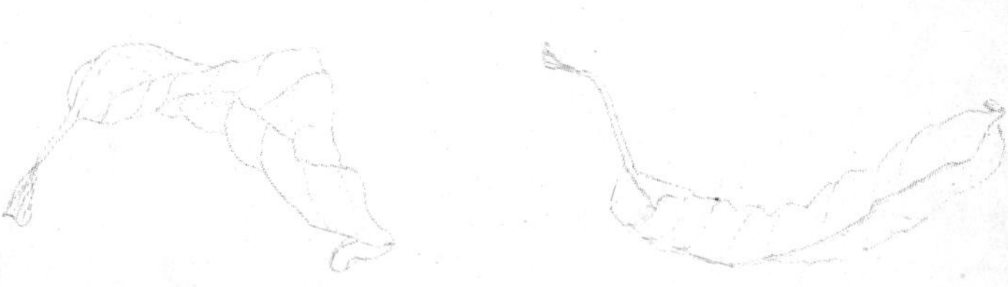

das Schraffieren zur Masche und unterbliebe besser. Für das Pflanzenzeichnen ist die Schraffur nicht vergleichbar wichtig wie für die Darstellung von Tierkörpern. Deshalb beschränken wir uns hier auf wenige Gesichtspunkte dieser Technik und verweisen auf die Ausführungen im Band »Tiere zeichnen«.

1. Schraffieren Sie nur, wenn die Maß- und Formverhältnisse Ihrer Zeichnung geklärt sind.

2. Setzen Sie an einer Stelle Ihres Blattes Schraffuren, dann sollten Sie

Blattreliefs

die ganze Zeichnung auf ihre Räumlichkeit hin durcharbeiten. Bei Skizzenblättern kann ein nur teilweises Durchführen der Räumlichkeit reizvoll sein.

3. Beginnen Sie mit zarten, locker gesetzten Schraffuren dort, wo Sie an Ihrem Modell Dunkelheiten durch Schattenwurf sehen.

4. Ihre Konturenstriche sollten in der Regel stärker sein als die Schraffurstriche.

5. Das Erkennen von Tonwerten muß wie das Erfassen von Maßverhältnis-

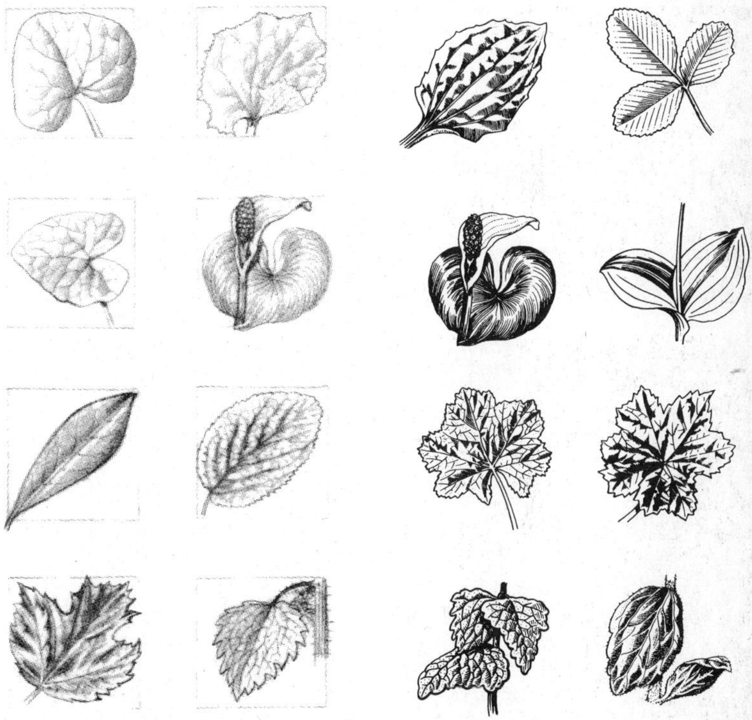

Beispiele für das Herausarbeiten von Blattreliefs. Links Bleistift, rechts Stahlfeder

Bleistiftvorzeichnung und Ausführung mit der Zeichenfeder

sen geübt werden. Das übungsweise Arbeiten nach Fotografien hilft weiter, weil hier das räumliche Spiel von Schatten und Licht schon auf eine Fläche übertragen ist.

6. Schraffuren werden mit gleichmäßigen Strichen und gleichmäßigen Abständen angelegt. Die Lockerheit der Schraffurstriche ist jedoch wichtiger als ihre Genauigkeit; Schraffieren setzt deshalb eine gewisse Sicherheit der Strichführung voraus. Nach einem Hineinradieren in Schraffurflächen kann die ursprüngliche Struktur der schraffierten Fläche kaum noch hergestellt werden.

7. Schraffuren können an Tonwertgrenzen eine Motivkontur ersetzen. Wo schraffiert wird, sollte man mit Umrißlinien sehr sparsam umgehen. Auf Zeichnungen mit dichtem Liniengeflecht, etwa an kleinförmigen Blütenständen, erübrigt sich das Schraffieren.

Auch wenn Sie ohne Schraffuren arbeiten, sollten Sie Lichter und Dunkelheiten Ihres Pflanzenmodells berücksichtigen. Blüten, die Sie zum Leuchten bringen wollen, bedürfen einer stärker und dichter durchgezeichneten Umgebung, gut erreichbar durch dargestellte Einzelheiten etwa der Sprosse, durch ein Berücksichtigen der Blattnerven. Der hellen Blüte dagegen erhalten Sie durch sparsamste und zarte Linienführung das Papierweiß. Dies kann an ihren Rändern schon durch Aussparen geschehen: Die durch Helligkeit zu erhöhende Blütenform erhält keine

Umrißlinien, sondern entsteht durch Absetzen der ihr nachgeordneten Motive. Dafür umreißen Sie die Blütenform hauchzart und arbeiten dahinter und daneben liegende Motivlinien mit unmittelbar am Blütenrand einsetzenden Strichen aus.

Beispiele für Strichlagen und Schraffuren

Schraffurbeispiele (Holzschnitte) aus dem »Kreuterbuch« des Adam Lonitzer

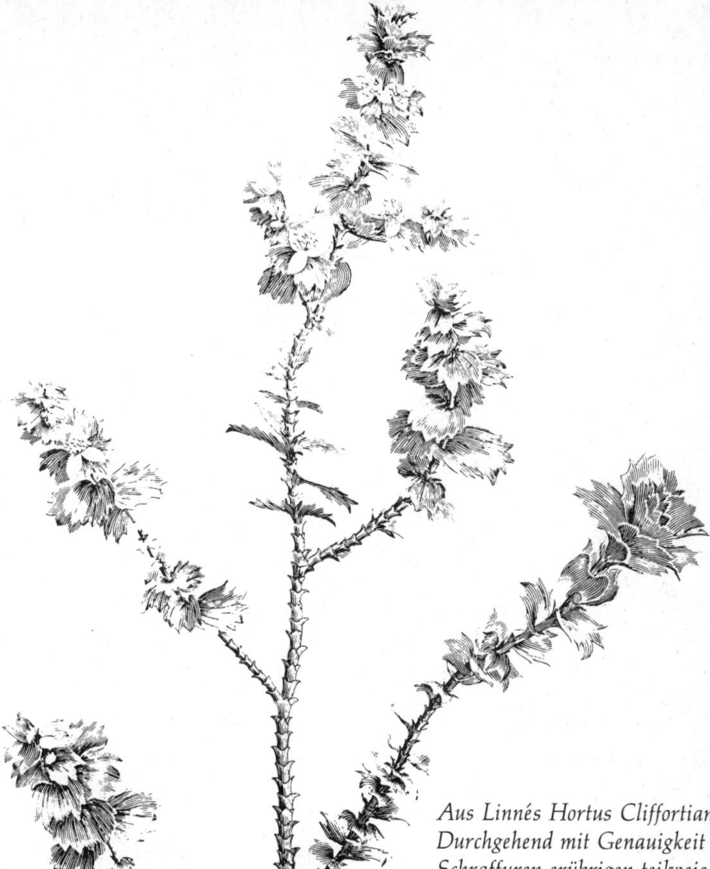

Aus Linnés Hortus Cliffortianus: Durchgehend mit Genauigkeit gesetzte Schraffuren erübrigen teilweise die Umrißlinien.

Links: Vorder-, Mittel- und Hintergrund

Hintergrund nach Vordergrund

Räumliches Zeichnen – mit oder ohne Schattierung – gelingt leichter, wenn Sie sich die Gesetzmäßigkeit von Überschneidungen für Ihre Reihenfolge des Zeichnens zunutze machen: Sie beginnen mit dem Ihnen zunächst liegenden Motiv oder Motivteil. Hier haben Sie es mit ungebrochenen Linien zu tun. Nach dem Vordergrund arbeiten Sie die unmittelbar anschließenden Motive des Mittelgrundes aus, die ihrerseits wieder die Formen des Hintergrundes überschneiden und teilweise überdecken. In gleicher Reihenfolge von vorn nach hinten differenzieren Sie auch Ihre Strichstärke von stärker zu schwächer. Nur helle Motive des Vordergrundes, etwa Blüten, bekommen trotz ihres bevorzugten Platzes zarte Konturen. Diese Konturenbehandlung sollten Sie aber nicht als Regel ohne Ausnahmen oder als Rezept verstehen. Zum Glück für die Freiheit des Zeichnens belegen viele Beispiele, daß sich der Meister über die Vorschriften für Lehrlinge und über die Regeln der Gehilfen hinwegsetzen darf.

Von der Blattpflanze des Vordergrundes bis zum Baum in der Bildmitte benützte der Künstler acht Überschneidungen zur Gliederung der Grautöne seines Holzschnittes (Bild rechts).

(Caspar David Friedrich)

Übung: Ordnen Sie Pflanzenteile, etwa ein Sproß mit einigen Blättern, so auf Ihrem Zeichentisch an, daß sich zwei, drei oder mehr Überschneidungsebenen der Motivteile ergeben. Das kann schon bei drei Blättern der Fall sein. Es kommt hierbei nicht auf die natürliche Stellung Ihrer Vorlage oder auf eine gut komponierte Zeichnung, sondern auf die Gliederung des Raumes an. Versuchen Sie, diese Räumlichkeit durch die Reihenfolge des Zeichnens und durch genau gesehene Überschneidungen der Linien wiederzugeben. Sie können dabei auf feinere Aus-

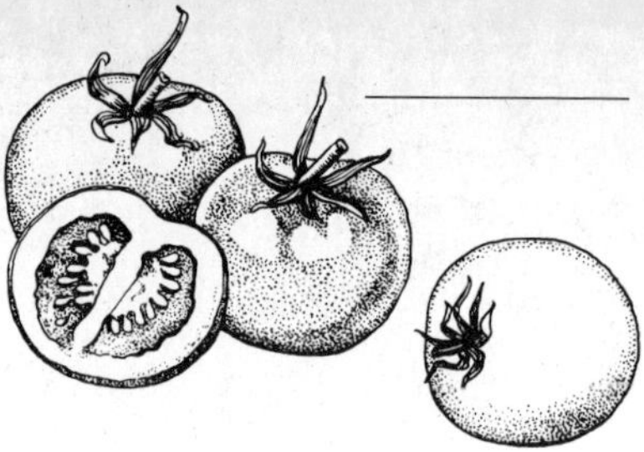

arbeitung verzichten. Was wir als Vorder-, Mittel- und Hintergrund bezeichneten, muß nicht große Entfernungen wie bei einer Landschaft umfassen. Diese Raumbegriffe des Bildes ergeben sich bereits, wenn nur drei Blätter einer Pflanze hintereinander stehen oder liegen und sich teilweise abdecken.

Zwei Überschneidungen schaffen drei Bildebenen

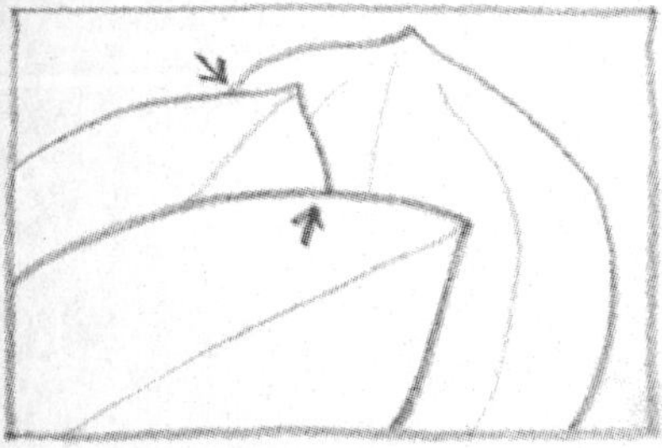

Unten und rechts: Schattenwurf verstärkt den Eindruck der Räumlichkeit. Einfache Schraffuren trennen die vier Blätter als räumlich nachgeordnete Bildebenen.

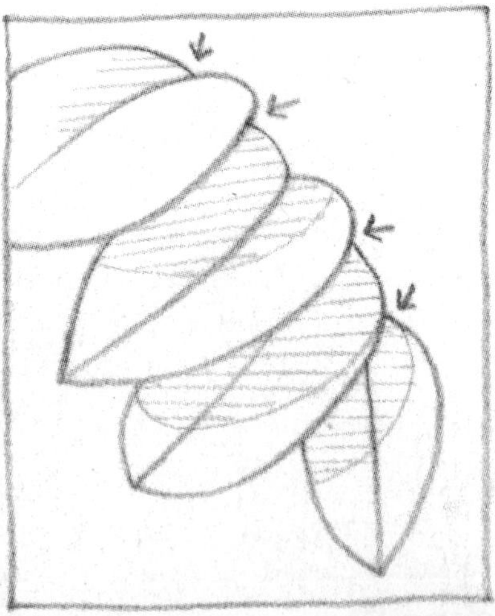

Räumlichkeit ergibt sich durch richtig gesehene und gezeichnete Überschneidung. Schraffuren können durch Halbtöne aus Punkten ersetzt werden.

Selbst ungenau gezeichnete Formen schaffen Raumtiefe, wenn sie sich gegenseitig überschneiden (unten).

Man sollte sich die Maßverhältnisse des Gesamtmotivs vorher klarmachen (Strichgerüst) und ihnen jede gezeichnete Einzelheit einordnen.
Den Schlüssel zum Zeichnen eines vielgliedrigen räumlichen Motivs – hier eine Pfingstrose – gewinnt man mit dem richtigen Anfangspunkt.
Er liegt dem Betrachter am nächsten, kenntlich an der nicht überschnittenen Form einer Einzelheit, etwa eines Kronblattes. Alle nachgeordneten Formen werden überschnitten und deshalb in ihrer räumlichen Reihung von vorn nach hinten gezeichnet, bei einer kugelförmigen Blüte also auch von innen nach außen.

Das Zeichen ▼ markiert den Anfangspunkt zur Wiedergabe eines räumlich gestaffelten Motivs für die sachgemäße Abfolge der Überschneidungen.

Kugelschreiberzeichnungen

Original und Kopie

Wer ernsthaft zeichnet, bringt unabhängig vom Grad seines Könnens Persönliches zum Ausdruck. Das in jede Darstellung einfließende subjektive Element hängt so wenig von dem ab, was Sie zeichnen, wie die unverwechselbare Klangfarbe Ihrer Stimme von dem abhängt, was Sie mit ihr sagen. Bejahen Sie das Persönliche Ihres Zeichnens, auch wenn Sie es bisweilen als Begrenzung oder Mangel empfinden! Vermeiden Sie das formale Nachahmen anderer Zeichnungen. Nach der Natur oder nach Fotos zu arbeiten, nützt Ihrem Lernen mehr als das Duplizieren gezeichneter Vorlagen. Sie überspringen damit den bedeutsamen Vorgang, Wirklichkeit ins Bild zu setzen. Ein verwackelter, aber an der Wirklichkeit empfundener Strich ist allemal besser als der einem Vorgänger glatt nachgezeichnete.

Übung: Betrachten Sie sich die Werke großer Zeichner eingehend. Dazu bieten Kunstbücher und grafische Sammlungen gute Gelegenheit. Sie können viel von Vorbildern lernen, wenn Sie deren Auffassung nachempfinden und auf diese Weise Anregungen für Ihre eigene Arbeit empfangen. Ersparen Sie sich die Mechanik des Abkupferns, Kopiergeräte können das besser. Bekennen Sie sich zu Ihrem eigenen Strich!

Bleistift und
Mischtechnik (Farbe)

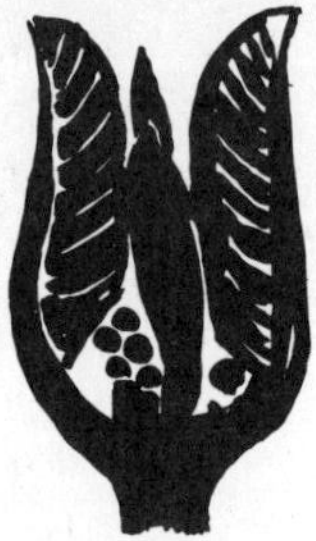

Der Stil

Nicht nur Anfänger bewegt bisweilen die Frage: Wie finde ich meinen Stil? Ganz sicher nicht dadurch, daß Sie ihn suchen. Er ist immer schon da und entspricht Ihrem Können. Einen persönlichen Stil kann man sich weder aussuchen, noch kann man ihn unmittelbar erlernen. Wenn Sie trotz anerkannter Fertigkeiten im Zeichnen keinen Stil zu haben glauben, dann sind Sie vielleicht ein guter Handwerker oder Techniker mit dem Zeichenstift. Damit verfügen Sie über mehr als mancher, der auszog, ein Künstler zu werden, aber bei einer Masche hängenblieb. Kunst ist mehr als Können, aber sie darf nicht weniger sein.

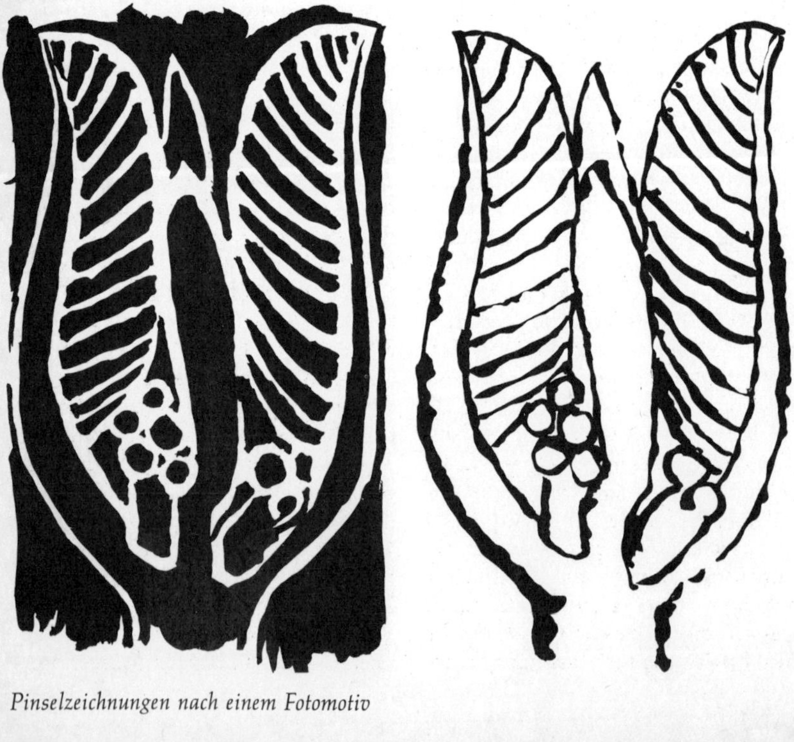

Pinselzeichnungen nach einem Fotomotiv

7 Die Zeichenmittel

Für das Zeichnen spielen Material und Mittel keine ausschlaggebende Rolle. Doch können die folgenden Hinweise für Ihre Arbeit nützlich sein. Daß sie nicht an den Anfang, sondern in die Mitte des Lernweges gestellt wurden, soll unterstreichen, daß dem Sehen mehr Beachtung zu schenken ist als den materiellen Mitteln.

Das Papier

Nahezu jedes Papier eignet sich zum Üben, wenn es nur hell genug ist und den Strich des Bleistiftes annimmt. Holzfreies dickes Zeichenpapier aus Hadern oder gar kostbare Büttenpapiere sollten Sie erst verwenden, wenn das, was Sie zeichnen, den Wert solcher Unterlagen übersteigt. In Druckereien gibt es stapelweise einseitig bedrucktes Abfallpapier, Makulatur genannt, das Sie sich für einen jahrelang reichenden Übungsvorrat zurechtschneiden können. Achten Sie nur darauf, daß der Druck nicht durchscheint und Sie beim Zeichnen stört; dann wäre das Papier zu dünn. Ab 80 Gramm (ein Quadratmeter dieses Papiers wiegt 80 g) aufwärts eignen sich besonders gut Offsetpapiere mit ihrer mattgriffigen Oberfläche. Ungeeignet sind nur die Kunstdruckpapiere für Buchdruck mit ihrer durch Füllstoffe glanzglatt gemachten Oberfläche. Auf ihr rutscht der Bleistift fast spurlos ab. Die Mine erfordert für ihre Strichabgabe eine gewisse Rauheit des Papiers, das sich trotzdem für die Hand glatt anfühlen kann. Wirklich rauhe Papiere eignen sich auch nicht fürs Zeichnen oder nur für größere Formate, weil ihre Oberflächenstruktur keine feinen Striche zuläßt. Gutes Zeichenpapier, wie es für reproduktionsfähige »Reinzeichnungen« verwendet wird, ist leicht porös, stark wie ein Karton (Zeichenkarton) und für gute Radierfähigkeit besonders leimhaltig.

Das Zeichnen auf farbigem Papier kann reizvoll sein. Da sich der Tonwertgegensatz zwischen Fläche und Strich verkleinert, bedarf es verhältnismäßig kräftiger Linien, zum Beispiel mit schwarzer Ölkreide. Der geringere Kontrast und die flächig arbeitende Kreide verlangen nach großen Formaten. Beliebt sind die rauh strukturierten, oft erdfarbenen Ingrespapiere, auf denen auch schwarze Rohrfederstriche gut stehen. Getönte Papiere (Tonpapiere) erlauben das »Höhen« mit Deckweiß. Dieses Aufsetzen von Lichtern, ein Gegenteiliges zum Schattieren, bringt das Zeichnen auf den Weg des Malens. Es stehen dann drei Tonwerte zur Verfügung: das Schwarz des Striches, Deckweiß als hellster Wert und der farbige Halbton des Papiers.

Zeichnet man viel oder nur auf billigstes Papier, dann bringt das die Gefahr unverbindlicher Massenproduktion mit sich. Man sollte wenigstens hin und wieder auch auf gutes Papier zeichnen. Solche Blätter eignen sich dann auch für Geschenke (eine selbstgemachte Zeichnung zu verschenken, ist nicht ganz so schlimm wie ein selbstverfaßtes Gedicht und leichter hinzunehmen als ein Vorführabend frisch geknipster Urlaubsdias).

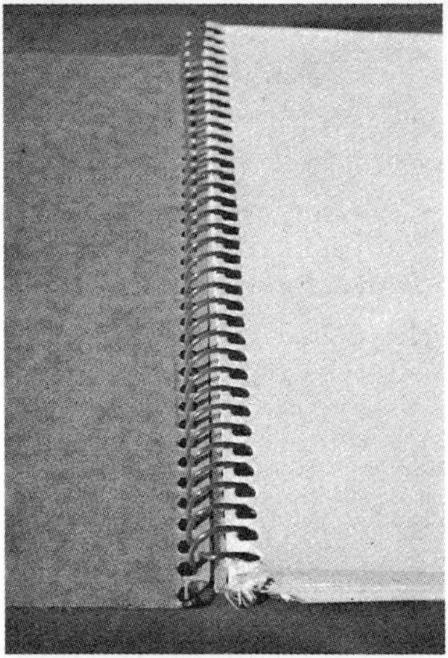

Die Stifte

Kein anderes Zeichenmittel kann so leicht und vielseitig gehandhabt werden, sich so vollständig jedem Können und jeder zeichnerischen Absicht anpassen wie der Bleistift. Die Härtegrade reichen von 8 H bis 8 B. Benutzen Sie für geschmeidiges Zeichnen Grade der B-Skala. Weiche Bleistifte neigen zum Schmieren, harte hinterlassen auch nach dem Abradieren bleibende Rinnen im Papier. Je rauher und weicher das Papier ist, desto weicher soll auch der dafür benutzte Bleistift sein. Ein weicher, dicker Stift erfordert große Zeichenformate. Harte Bleistifte setzen, besonders wenn sie gespitzt sind, der Hand mehr Widerstand entgegen, als freiem Zeichnen zuträglich ist; die Mine gibt nur wenig Graphit ab, der Strich bleibt hellgrau.

Spiralblock (oben), Minenspitzer für Druckbleistifte und Schleifbrettchen mit Sandpapier zum Minenspitzen

links: weicher, spitzer Bleistift, rechts: weicher Bleistift, ungespitzt, unten: mittlerer Härtegrad, gespitzt

3-, 4-, 5- und 6B-Bleistifte erfüllen nach meiner Erfahrung den Übungszweck am besten. Je weicher die Mine ist, desto mehr Bildschwärze gibt sie ab, desto schneller verbraucht sie sich. Weiche Bleistifte müssen oft gespitzt werden, wenn man die Spitze will. Ich empfehle sie nicht. Gespitzte Bleistifte erlauben weniger Modulationen als ungespitzte. Für feine Ausarbeitungen, etwa bei Blatträndern, Blattnerven, für genau gezeichnete Einzelheiten und kleine Papierformate müssen Sie Ihren Bleistift natürlich spitzen. Holzgefaßte Bleistifte sollten regelmäßig gespitzt werden, weil sich beim Zeichnen nur die Mine abnützt. Bei einem Druckbleistift gibt auf Knopfdruck der dreiteilige Zentriermechanismus die Mine in beliebiger Länge frei. Sie können also immer mit ungespitzter Mine arbeiten. Ein Minenspitzer oder ein Schleifbrettchen mit feinem Sandpapier spitzt ohne Bruch. Die weiche, ungespitzte Bleistiftmine im Halter erlaubt je nach Druck und Drehung große Unterschiede der Strichbreite und der Strichstärke.

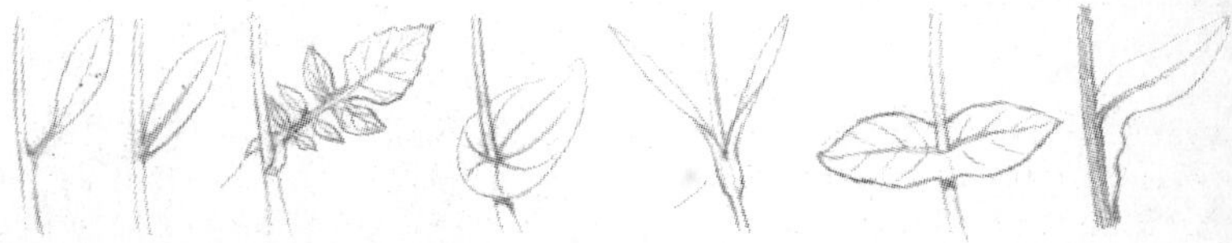

Unabhängig vom Zeichenformat eignen sich gespitzte, eher harte Stifte für genaues Ausarbeiten, weiche ungespitzte Stifte für freieres Zeichnen mit modulierender Strichstärke.

Durch Lichtmangel verlängerter Trieb einer im Zimmer gezogenen Sonnenblume, in Ölkreide skizziert.

Der Radiergummi

Vermeiden Sie den häufigen Griff nach Ihrem Radiergummi. Wenn Sie sich angewöhnen, Ihre Zeichenstriche so vorauszuempfinden, daß Sie schließlich zu einem hochkonzentrierten, nahezu gedankenfreien Zeichnen kommen, können Sie bald ganz auf ein Zurücknehmen von Strichen verzichten. Spurenloses Radieren erfordert nicht zu dünne, gut geleimte Papiere und einen neuen, weichen Gummi.

Das Fixativ

Bleistiftzeichnungen haben etwas Vergängliches, Skizzenhaftes und wirken dadurch »frischer« als Tuschfederzeichnungen. Wenn Sie mit spitzer Stahl-Zeichenfeder eine Bleistiftzeichnung Strich für Strich überdecken, verliert sie leicht ihre Lebendigkeit. Der tiefschwarze Tuschestrich wirkt gegen den silbergrau schimmernden Bleistiftstrich endgültig. Man muß schon sehr gut sein, um den Charakter des unverrückbar Bleibenden dieser Zeichentechnik in Anspruch nehmen zu können. Bleibend will der Zeichner natürlich auch sein Bleistiftwerk. Übersprühen Sie Zeichnungen, die Sie wischfest machen wollen, mit einer Fixativlö-

sung. Sprühdose oder Blasröhrchen dürfen nicht zu nahe ans Blatt gehalten werden, damit keine ganzen Tropfen aufs Papier treffen und dann möglicherweise sichtbar bleiben; das Papier darf nicht zu dünn und nicht auf der Rückseite bedruckt sein, sonst kann die Farbe durch Einwirkung des Fixativs auf die Zeichnungsseite durchschlagen.
Nicht radierfähige, aber deshalb nicht immer wischfeste Zeichenmittel, wie Kugelschreiber, Zeichenfeder, Rohrfeder, Kohle und Kreide, setzen Sicherheit der Strichführung voraus

oder die Fähigkeit unbefangenen Drauflosarbeitens, wie es dem jeweiligen Können entspricht. Mit Tuschpinsel, Kreide und Kohle wird man Pflanzen in der Einzeldarstellung nicht leicht gerecht. Diese Mittel drücken vorzüglich Dramatik der Bewegung aus, wie sie bei Menschen

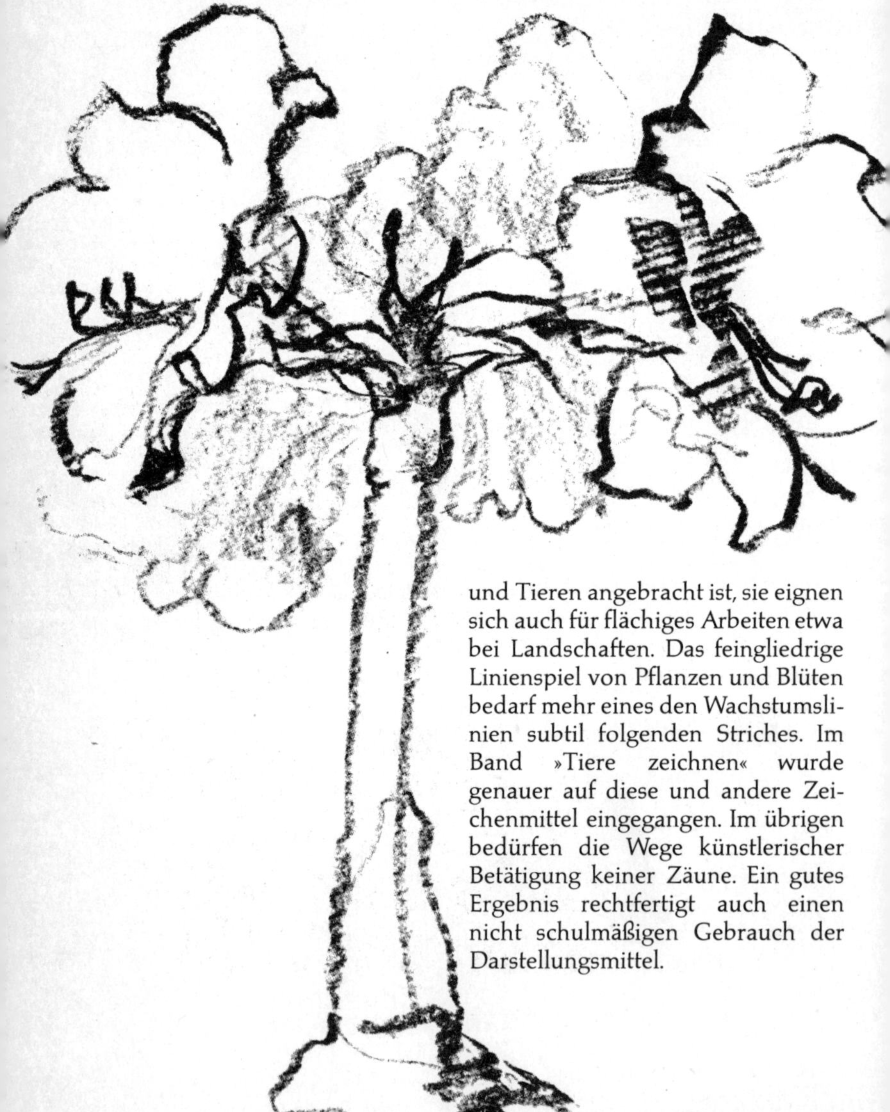

und Tieren angebracht ist, sie eignen sich auch für flächiges Arbeiten etwa bei Landschaften. Das feingliedrige Linienspiel von Pflanzen und Blüten bedarf mehr eines den Wachstumslinien subtil folgenden Striches. Im Band »Tiere zeichnen« wurde genauer auf diese und andere Zeichenmittel eingegangen. Im übrigen bedürfen die Wege künstlerischer Betätigung keiner Zäune. Ein gutes Ergebnis rechtfertigt auch einen nicht schulmäßigen Gebrauch der Darstellungsmittel.

Bei Ölkreide (linke Seite) schattiert man nicht durch die Schraffur, sondern mit der breitseitig zart aufgesetzten Kreide. Korrekturen mit Radiergummi sind bei dieser Zeichenweise so wenig möglich wie bei der Kugelschreiberzeichnung (rechte Seite).

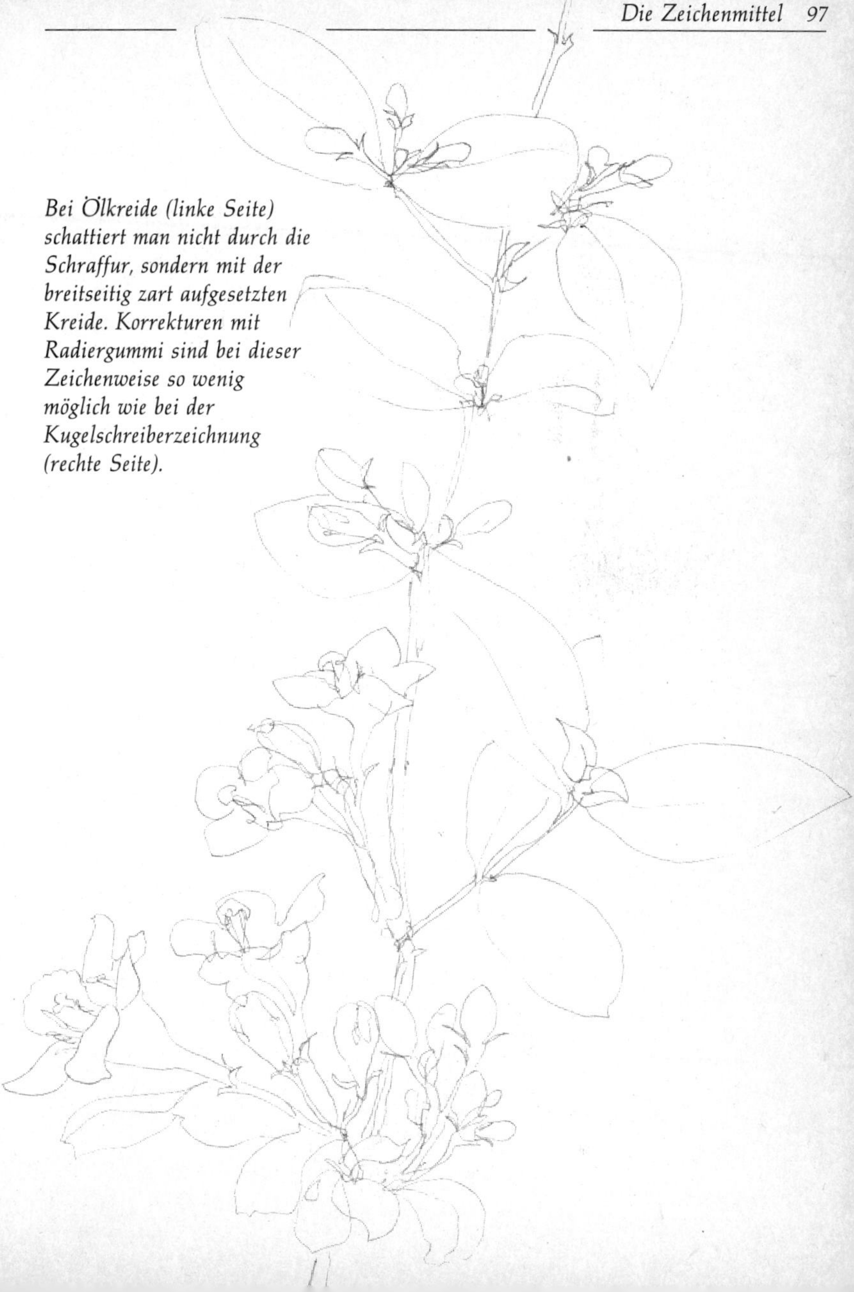

8 Wunder mit System

Wir setzen im folgenden die Blütenbetrachtung des fünften Kapitels fort. Ihrem sichtbaren Aufbau nach stellen Blüten die am vielfältigsten gegliederten Raumgebilde der Pflanze dar. Bleiben Sie beim Blütenzeichnen an schwierig wiederzugebenden Einzelheiten hängen, so daß Ihnen die einheitliche Erscheinung der Blüte oder eines Blütenstandes verlorenzugehen droht, dann kehren Sie vorübergehend zu den Schwingungsübungen des fünften Abschnittes zurück.

Eine Blüte mag noch so verwickelt gebaut sein, ihr Gesamtbild schließt sich immer zu einem Seht-her-Ruf zusammen. Ihr gezeichnetes Ergebnis sollte diesem Wesenszug einer Blume gerecht werden, das Konstruktive einer Blüte zugunsten ihrer lichten Anmut zurücktreten lassen. Das wird Ihnen im Laufe des Übens leichter und besser gelingen, wenn Sie gerade das Konstruktive der Blüte bewußt erfaßt haben. Sie arbeiten dann freier und können aus der begriffenen Ordnung der Einzelteile das schöne Ganze erstehen lassen. In unserem Zusammenhang beachten wir die von Insekten bestäubten Blüten, nicht die Windbestäuber. Diese bilden weder Blütenduft noch Schauorgane aus und bleiben deshalb eher im verborgenen. Oder könnten Sie die jährlich im Frühling sich entfaltenden Blüten der Buchen beschreiben?

Sie lernten es in der Schule, aber haben es vielleicht nicht mehr klar vor Augen: Eine Blüte setzt sich von außen nach innen in einer Regel, die viele Ausnahmen kennt, aus folgenden Organen zusammen: Der *Kelch* entläßt als Knospenhülle die Blütenkrone. Seine meist derben, oft spitz auslaufenden Blättchen schützen und stützen als äußerste Blütenhülle den Ansatz der zarten Kronblätter. Hohe, verwachsene Kelche bilden zum Beispiel die Primeln, die Nelken und manche Enzianarten. Dem Krokus und der Herbstzeitlose fehlen

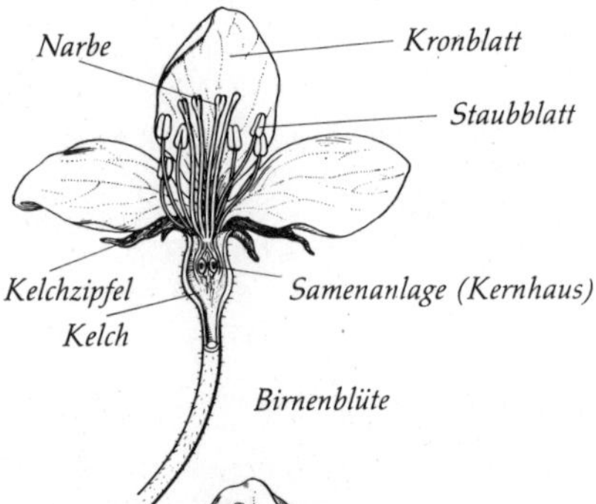

Birnenblüte

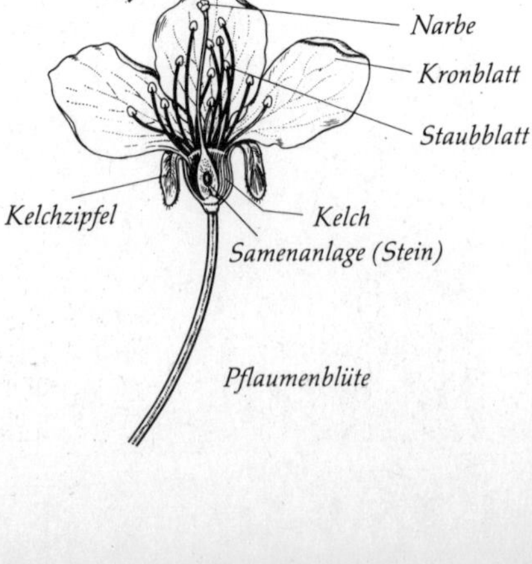

Pflaumenblüte

Blütenformen

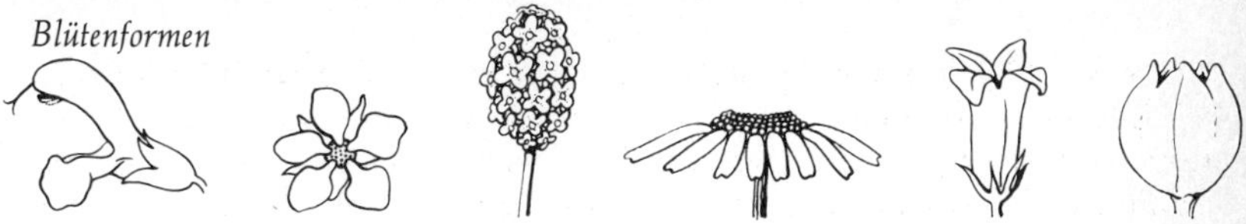

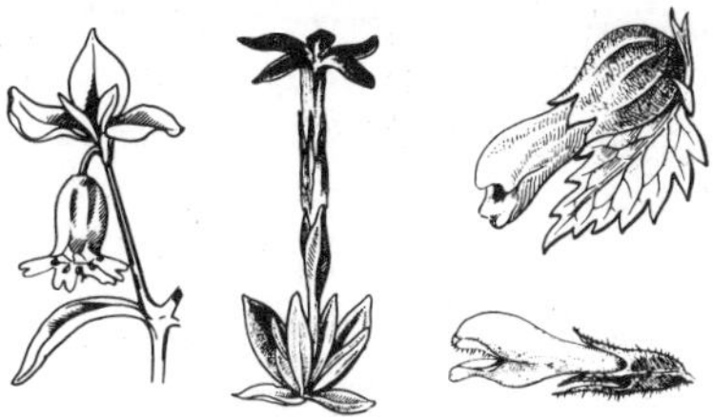

Verschiedene Kelchformen

Kelchblätter ganz, bei der Mohnblüte fallen sie als kräftig ausgebildete Schalen nach der Blütenentfaltung ab. Der Kelch, röhrig, verwachsen oder getrenntblättrig, wird meist von der ausgebreiteten Krone verdeckt, wenn Sie die Blüte von oben zeichnen. In der Seitensicht der Blüte bietet er dem Zeichner eine willkommene Möglichkeit, die lichten, zarten

Kantige Kelche der Schlüsselblume

Kelchlose Blüten der Herbstzeitlose

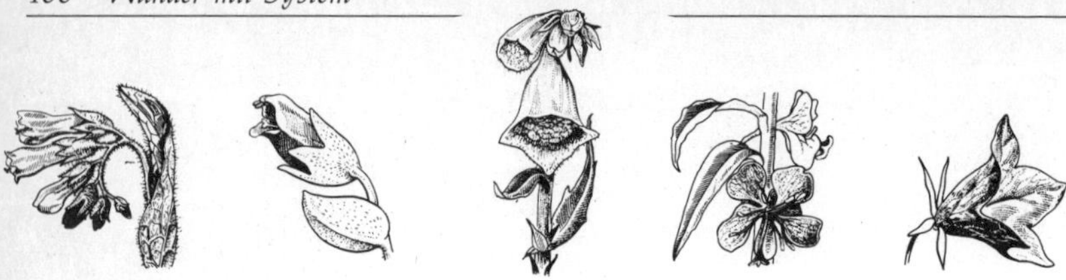

Kronblätter gegen seine gröbere Oberflächenbeschaffenheit und seinen dunkleren Tonwert abzusetzen. Der Kelch kann behaart, schuppig oder kantig gefaltet sein. Er hält die Blütenkrone, wie die Fassung den Edelstein.

Wie schon ausgeführt wurde, bedarf die *Blütenkrone* als ein luftig-leichtes Gebilde behutsamer zeichnerischer Behandlung. Ein häufiger Fehler liegt in dem Zuviel an Strichen. Dann wird die Blüte schwer und wirkt dunkel statt leicht und hell. Zeichnen Sie, wenn es Ihre Vorlage erlaubt, »um die Blüte herum«, so daß die auch in der Natur wenig strukturierten Flächen der Kronblätter möglichst unberührt bleiben, nur so viel Konturen bekommen, als sie zur Formgebung brauchen. Dann kann sich die Blüte duftig von ihrer dunkleren Umgebung

Befruchtung beim Wiesensalbei

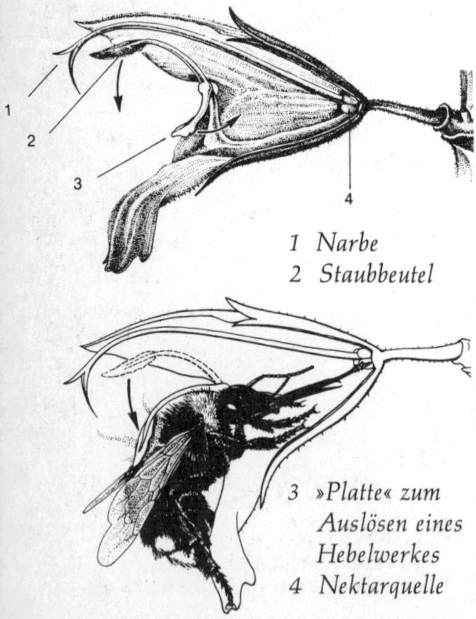

Stempel und Staubblätter der Tigerblume

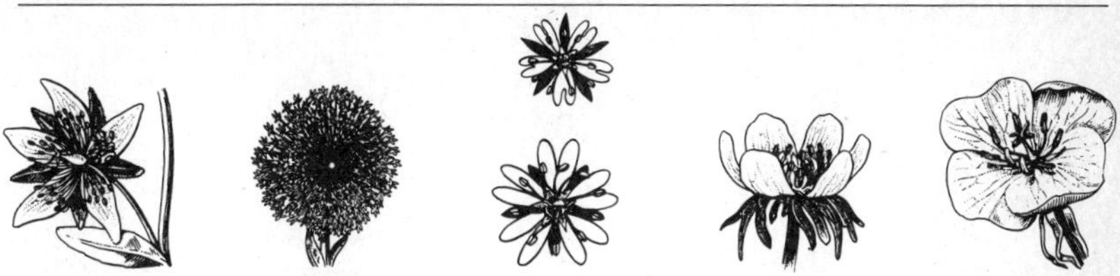

abheben. Wo die Kronblätter, besonders bei zweiseitig symmetrischen Blüten, Zeichnungen und Farbmale tragen, müssen sie zart, am besten mit halbtonartigen Strichen umgesetzt werden. Diese Muster dürfen nicht die Schärfe einer Kontur und nicht das Gewicht einer Schattierung erhalten, sonst fällt die Blüte auseinander. Bei drehsymmetrischen Blüten bildet deren Mitte oft ein »Auge« aus. Es kann sich heller oder dunkler gegen das Kronenrund absetzen. In dem auf diese Weise für die Insekten gekennzeichneten Blütengrund scharen sich die männlichen *Staubblätter* um den weiblichen *Griffel,* der sich nach oben zur *Narbe* verbreitert und nach unten in den *Fruchtknoten* einmündet. In dieses Zentrum werden die Insekten mit Leitlinien, Lockfarben und Duftnoten herein-

Staubgefäße bei Lilien

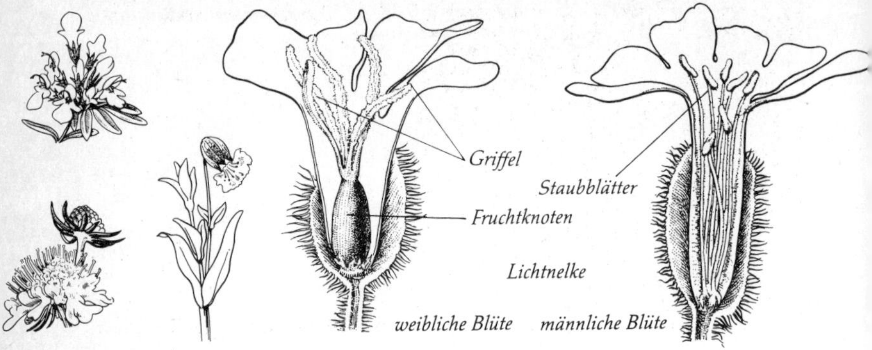

Fotos unten: Skabiose und Flockenblume

komplimentiert und für ihre Bestäuberdienste mit süßer Speise des Blütengrundes belohnt. Je nach Pflanzenart können Griffel mit Narben, aber auch Fruchtknoten in einer Blüte mehrfach vorhanden sein.
Die Geschlechtsorgane der Pflanze entziehen sich oft ihrer Kleinheit wegen oder weil sie verborgen und geschützt im Blüteninnern liegen, einer zeichnenden Beschreibung. Zeichner mit naturwissenschaftlichen Aufgaben arbeiten mit Lupe und Mikroskop. Für den, der aus Freude Naturerscheinungen zeichnet, haben optische Vergrößerungsinstrumente keine praktische Bedeutung. Die Blumenzeichnung lebt auch vom Wiedererkennen durch den Betrachter. Motive, die in der Natur nur nach einer Vergrößerung deutlich werden, sprechen ohne Erklärung nicht so unmittelbar und aus sich selbst heraus wie das für alle Augenfällige.
Große schmückende Staubgefäße finden Sie bei Lilien häufig, unter den Wildblumen zum Beispiel bei der Türkenbundlilie. Die Lilienblüte verbirgt nichts. Man sieht und zeichnet

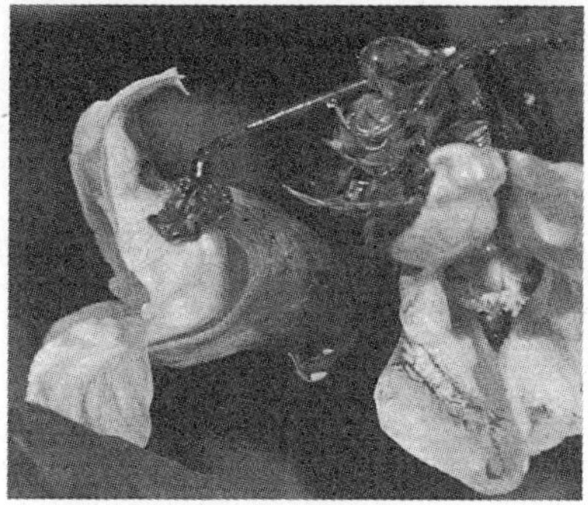

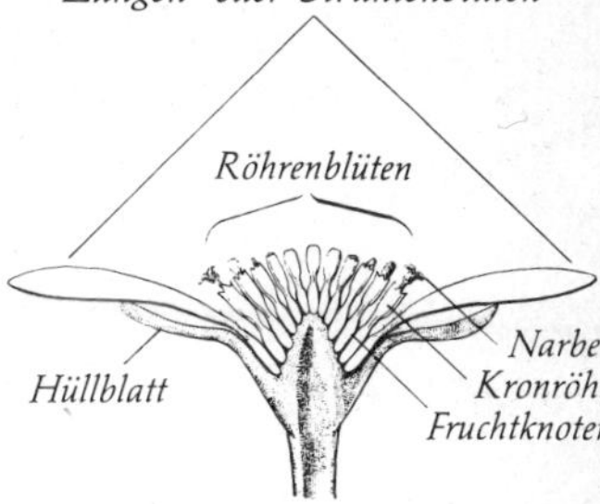

Blütenstand eines Korbblütlers

Fotos: Balsamine, Mohn, Sonnenblume

bis in den weit geöffneten Blütengrund hinein. Auch die rasch vergängliche Mohnblüte zeigt Staubgefäße und Griffel offen wie auf einem Teller. Viele zweiseitig symmetrische Blüten dagegen verbergen ihr Allerheiligstes nicht nur unseren Blicken, sondern auch vor unerwünschten Insektenbesuchern. Das Löwenmäulchen etwa hält seinen inneren Blütenraum verschlossen, bis ein Schwergewicht anfliegt, etwa eine Hummel. Unter ihrer Körperlast klappt das Maul weit auf, um sich nach empfangenem Besuch durch einen federnden Mechanismus wieder zu schließen. Diese Eigenart der *Rachenblütler* läßt solche Einzelblüten von vorn gesehen nicht sehr reizvoll für ein Abzeichnen erscheinen. Von der Seite dagegen bieten die schön geschwungenen Formen dankbare Motive.

Die *Schmetterlingsblütler* verbergen ihre Befruchtungsorgane im »Schiffchen«, das von zwei »Flügeln« geschützt wird. Das oberste Kronblatt ihrer Blüten heißt »Fahne« und breitet sich zweiseitig symmetrisch aus, geöffneten Schmetterlingsflü-

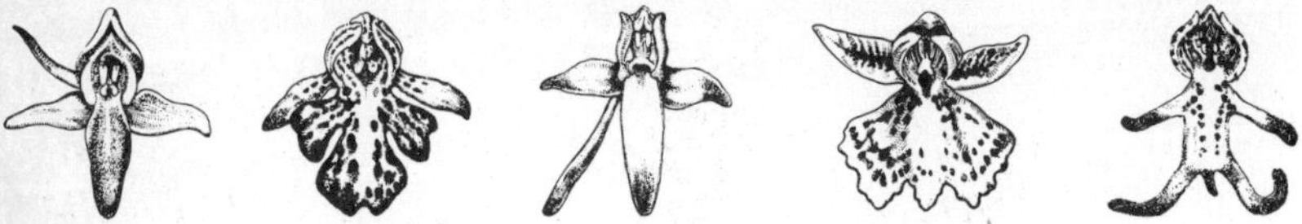

Blüten heimischer Orchideen
Rechts unten: Gladiole und Iris

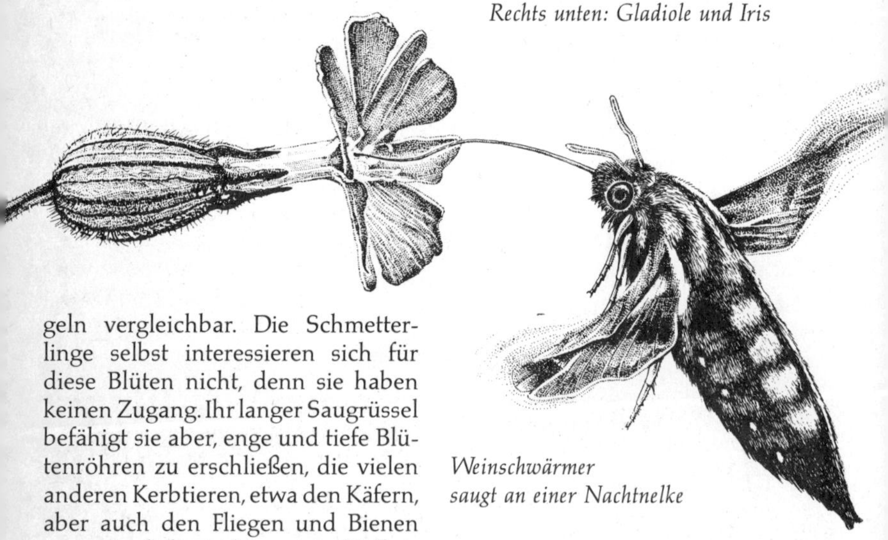

geln vergleichbar. Die Schmetterlinge selbst interessieren sich für diese Blüten nicht, denn sie haben keinen Zugang. Ihr langer Saugrüssel befähigt sie aber, enge und tiefe Blütenröhren zu erschließen, die vielen anderen Kerbtieren, etwa den Käfern, aber auch den Fliegen und Bienen unzugänglich sind, so etwa Nelken und Winden. Schmetterlinge saugen auch gern an den winzigen Röhrenblüten der Korbblütler, fühlen sich aber beispielsweise nicht von Rosen angezogen, die gern von Käfern besucht werden.

Weinschwärmer
saugt an einer Nachtnelke

Wenn Sie einen Garten haben oder leicht aufsuchen können, dann gehen Ihnen die Blütenmodelle bis zum Herbst nicht aus. Gartenblumen eignen sich auch deshalb gut fürs Zeichnen, weil sie durchschnittlich größere Blüten entwickeln als Wild-

Schmetterlingsblüte (Wicke)

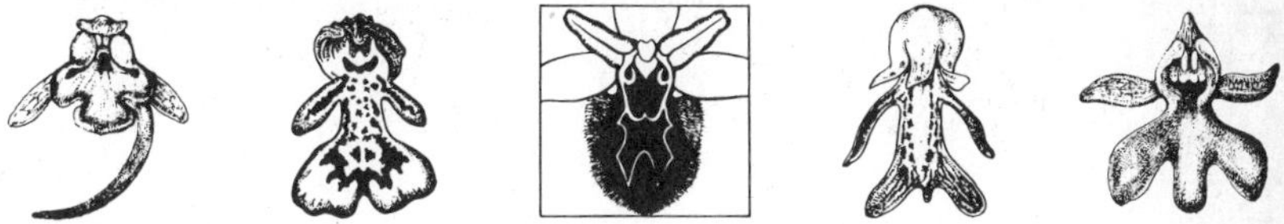

blumen. An ihnen können Sie den Blütenbau bis in die auseinandergelegten Einzelteile studieren. Hier finden Sie Wunderwerke der Formgebung in zeichenbarer Größe, die in freier Natur so selten wurden, daß sie uns nicht mehr ohne weiteres zur Verfügung stehen: etwa Akelei oder Iris. Eingehender Betrachtung bieten diese Blüten mit ihren ins Licht gewölbten Baldachinen, ihren Höhlungen ins Schattendunkel, oder mit der Transparenz zartgeäderter Kronblätter, mit krausen Wellenrändern, lang ausgezogenen Sporen und delikaten Farbspielen intimen Augenschmaus. Vielleicht legen Sie dann Ihren Zeichenstift bescheiden beiseite. Doch werden Sie schon aus der Betrachtung allein Gewinn ziehen. Der zeichnerische Umgang mit Pflanzen schult unsere Aufmerksamkeit und ermöglicht uns eine neue, intensive Weise des Naturerlebens.

Schülerarbeit

Übung: Zeichnen Sie Blüten aller Art mit und ohne andere Pflanzenteile. Achten Sie genau auf die an einer Blüte entstehenden Linienüberschneidungen, schattieren Sie, wenn überhaupt, sehr sparsam, führen Sie die Konturen leicht und locker. Stellen Sie eine Blüte – etwa in der Vase – in vielen verschiedenen Positionen vor sich hin und versuchen Sie, eine Variationsreihe desselben Modells im gleichen Maßstab zu zeichnen. Wenn Sie den Anfang und das Ende einer solchen Reihe vergleichen, sollte sichtbar werden, wie sich Ihre Hand nach und nach lockert, wie Sie freier werden können, ohne das Wesentliche einer Blüte zu verlieren.

Hilfreich für das Verständnis von Blüten ist auch ein sichtendes Durcharbeiten naturwissenschaftlich illustrierter pflanzenkundlicher Bücher. Gerade ältere Werke mit ihren hervorragenden naturgetreu gezeichneten oder gestochenen Abbildungen eignen sich für übendes Nachzeichnen. Die im sechsten Abschnitt ausgesprochene Empfehlung, künstlerische Werke nicht zu kopieren, trifft für naturwissenschaftliche Zeichnungen nicht zu. Wohnen Sie in der Nähe eines botanischen Gartens mit geräumigen Gewächshäusern, dann können Sie zu jeder Jahreszeit exotische Pflanzen mit ihren oft reizvollen Blüten zeichnen.

9 Abbilden und Darstellen

Der Fotoapparat bildet die Lichtverhältnisse des Weltausschnittes ab, auf die sein Objektiv gerichtet wird. Der Zeichner bildet nicht ab, er gibt wieder, was er sieht oder sich vorstellt. Er geht noch einen bedeutenden Schritt weiter: er stellt dar. Wie ein Darsteller in der Schauspielkunst *einen* Menschen unter vielen durch sich selbst darbietet und so vor allen anderen herausstellt, so hebt der Zeichner sein Objekt ins Bild und damit ins Bewußtsein des Betrachters. Stellt er eine Pflanze dar, so läßt er alle anderen Objekte, die in Zusammenhang mit dieser Pflanze stehen, zurücktreten und ist dadurch gegenüber dem Lichtbildner im Vorteil. Dieser hat bei Naturaufnahmen mit dem immer sich erneuernden Problem zu kämpfen, daß sein Objekt, etwa eine Pflanze, nicht genügend »herauskommt«, daß sie sich nicht deutlich von ihrer Nachbarschaft und ihrem Hintergrund trennt. Eine weitere Schwierigkeit liegt darin, daß die abzubildende oder darzustellende Pflanze oft viel zu groß, zu vielteilig, zu unübersichtlich für ein Bild ist. In diesem Fall müssen wir im Dienste einer klaren Bildaussage nicht nur die Pflanze von ihrer Umgebung abstrahieren, sondern auch Entbehrliches der Pflanze von ihrem Wesentlichen abtrennen. Abstrahieren heißt abziehen, weglassen; gemeint ist das Nebensächliche zugunsten eines Wesentlichen. Bei einem Tier können Sie kein Ohr oder Bein weglassen, um sich seine Darstellung zu erleichtern. An ihm ist alles wesentlich. Bei der Pflanze wird ein Weglassen teilverdeckter Sprosse und Blätter in vielen Fällen gerade das Wesentliche verdeutlichen.

Wir führten an anderen Stellen aus, daß Blätter in der Regel zu Blüten gehören, so daß sie diese auf der Zeichnung tragen und erhöhen. Aber Sie brauchen nur so viele Blätter, wie Sie deutlich zeichnen können, ohne ein für den Betrachter nur mühsam durchschaubares Liniengewirr ausspannen zu müssen. Vereinfachen Sie Ihr Motiv so weit, daß Sie zu einer klaren Formensprache des Blattwerks kommen. Wenigstens ein Blatt sollte die unverkürzte Grundform zeigen, drei, höchstens vier Überschneidungsebenen der Blätter entstehen. Da Sie nicht durch Farbe differenzieren können, geraten zu viele neben- und hintereinander gezeichnete Blätter, auch wenn alles »stimmt«, zum Bildrätsel. Natürlich ist beim Auslichten des Modelles auch die Eigenart der jeweiligen Pflanze zu berücksichtigen. Die stockwerkartig übereinander angeordneten Blattquirle der Lippenblütler etwa vertragen keine Vereinfachung dieses die ganze Familie kennzeichnenden Merkmals. Die Vereinfachung trieben Sie zu weit, wenn Ihr fertiges Bild dünn oder auch nur unausgewogen wirkt. Gesunde Pflanzen drücken Fülle aus. Ihr Laub sucht möglichst viel Licht aufzunehmen, deshalb

Die annähernd richtig gesehene Pflanze verwirrt durch Gleichbehandlung zu vieler Linien. Bei der rechten Nessel wurde das genauer gezeichnete Motiv durch differenzierende Strichführung und Schraffur wesentlich verdeutlicht.

wächst sie in alle Raumesrichtungen und breitet ihre Blätter allseitig aus. Das sollten Sie für einen natürlichen Eindruck Ihrer Darstellung berücksichtigen.

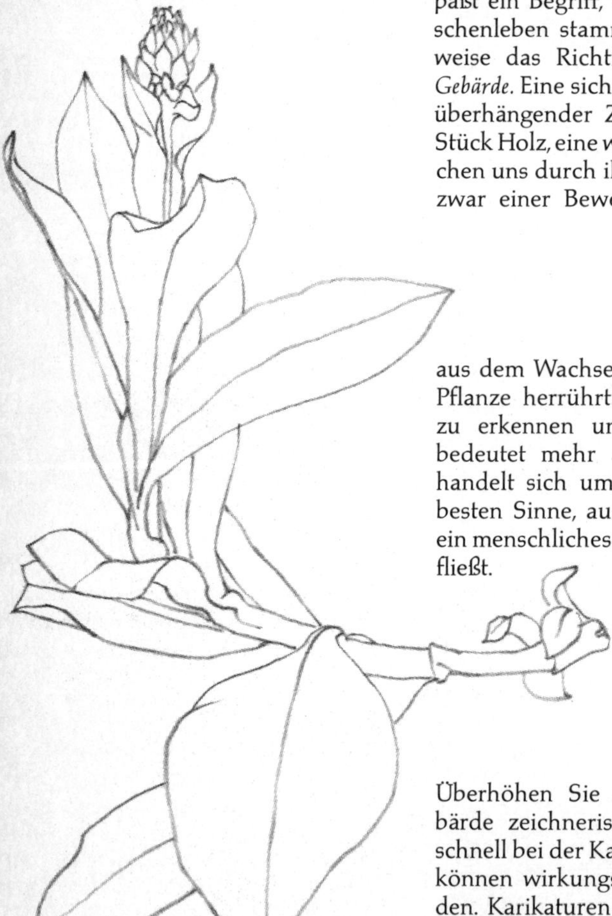

Nun gibt es viele andere pflanzliche Motive, die nicht durch Fülle ansprechen, sondern durch das Regelmaß ihrer Bildung oder durch die Raumspannung ihrer großen Form. Hier paßt ein Begriff, der aus dem Menschenleben stammt und vergleichsweise das Richtige ausdrückt: die *Gebärde*. Eine sich öffnende Blüte, ein überhängender Zweig, ein bizzares Stück Holz, eine welkende Rose sprechen uns durch ihre Gebärde an, die zwar einer Bewegung ähnelt, aber aus dem Wachsen oder Welken der Pflanze herrührt. Solche Gebärden zu erkennen und wiederzugeben, bedeutet mehr als abzeichnen, es handelt sich um ein Darstellen im besten Sinne, auch wenn oder weil ein menschliches Empfinden mit einfließt.

Überhöhen Sie eine Menschengebärde zeichnerisch, so landen Sie schnell bei der Karikatur. Auch Tiere können wirkungsvoll karikiert werden. Karikaturen von Pflanzen sind ihrem Wesen nach nicht möglich, es sei denn, man verleiht ihnen unmit-

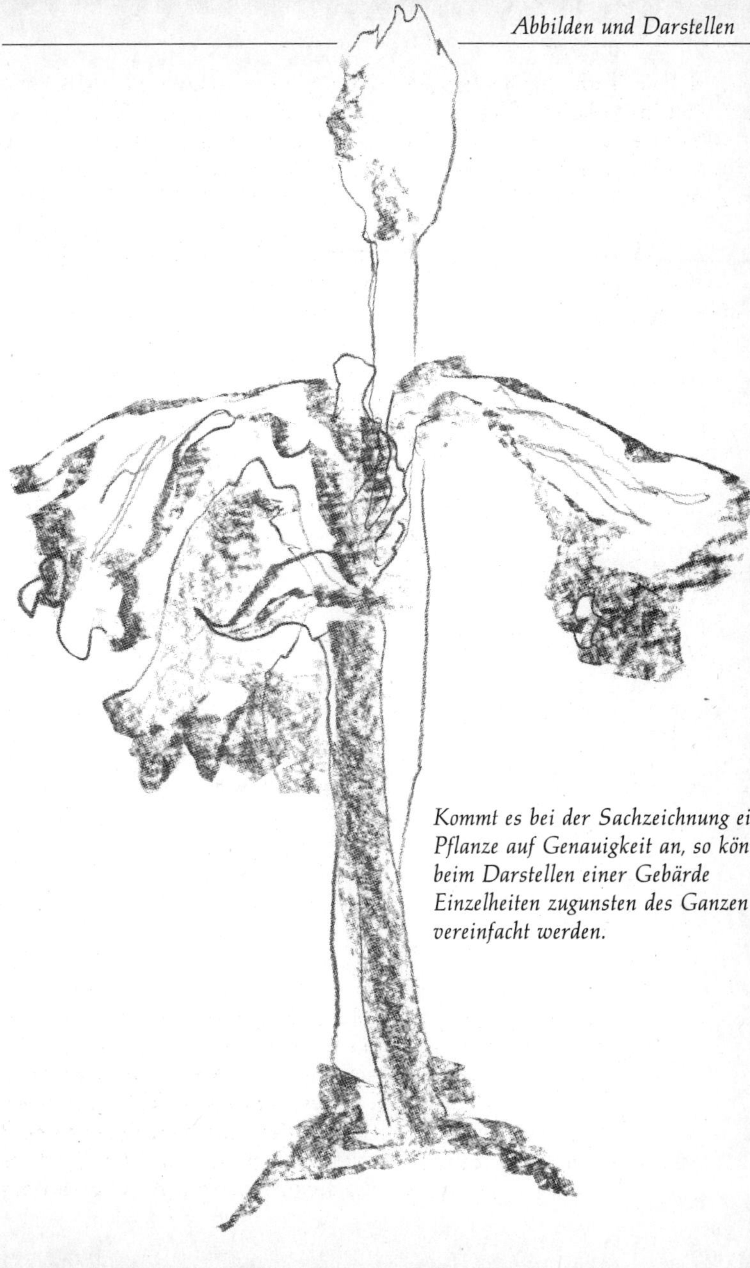

Kommt es bei der Sachzeichnung einer Pflanze auf Genauigkeit an, so können beim Darstellen einer Gebärde Einzelheiten zugunsten des Ganzen vereinfacht werden.

telbar tierische oder menschliche Züge, etwa dem Rettich ein Gesicht. Die Pflanze an sich bietet keinen Ansatzpunkt für eine wie auch immer geartete Ironie. Das rührt daher, daß die Pflanze, anders als Tier und Mensch, keine Begierde, nichts Triebhaftes hat, das man durch Überhöhung ins Lächerliche ziehen könnte.

Eine Pflanzengebärde ausdrucksstark herauszuarbeiten, setzt so viel Sicherheit des Zeichnens voraus, daß Sie frei werden, sich auf das Wesentliche zu beschränken. Ein vollbeblätterter Zweig oder ein reicher Blütenstand wirken durch ihre Formendichte, wir erleben an ihm Gleichmaß und Fülle. Ein kahler Zweig, vielleicht dürr, mit denkmalhaften Resten einstigen Lebens, kann sich zu einer für uns wahrnehmbaren Gebärde strekken oder krümmen. Wenn man ein Auge dafür hat, findet man solche Vorlagen auf einem Waldspaziergang. Bemerkenswerterweise gelingt die Darstellung des Gebärdenhaften auch am alltäglichen Pflanzenmodell

Das Gebärdenhafte etwa eines dürren Holzes kommt in seiner Vereinzelung zum Ausdruck.

nicht durch phantasiereiches Verändern, sondern durch Beschränkung auf das Wesentliche bei gleichzeitig großer Wahrhaftigkeit der Wiedergabe. Die Naturtreue, mit der Sie vor dem Modell zeichnen, macht Ihre Darstellung glaubwürdig, nicht die Erfindung. In der Natur stecken unsere Empfindungen gleichsam darinnen, wir müssen sie nur herausholen. Solche Gedankengänge muß Albrecht Dürer gehabt haben, als er davon schrieb, die Kunst aus der Natur herauszureißen, auf daß man sie habe. Mit dem Herausreißen war aber nichts Gewaltsames gemeint, sondern das Herauszeichnen. Im Aufriß, im Reißzeug und im Reißbrett ist dieses Wort noch lebendig.

Scheuen Sie sich nicht, ein Motiv mehrmals hintereinander zu zeichnen. Damit stoßen Sie leichter bis zum Gebärdenhaften vor als mit Radieren und Verbessern. Die schon besprochene Dynamik des Zeichenstrichs entsteht nicht durch Herumfeilen, sondern durch gesammeltes und entschiedenes Zeichnen. Die Darstellung sollte in einem einzigen Fluß aufs Papier gesetzt werden. Dann wird sie ausdrücken, was Sie beim Zeichnen bewegte.

Für manche ist der hier gekennzeichnete Weg nicht gangbar und nicht erstrebenswert. Wen die Gebärde als eine gewachsene Bewegung nicht so anspricht, daß er sie ausdrücken will, fühlt sich vielleicht mehr vom erzählerischen Element einer Pflanze gereizt, er gelangt mit einer anderen Auffassung und auf einem anderen Weg zum Ziel. Er braucht vielleicht gerade das Gleichmaß des Zeichenstrichs, wenn er mit gelassener Aufmerksamkeit den Raumlinien des Gewachsenen folgt. Ein anderer empfindet poetisch und haucht mit zarten Schwüngen das wortlose Gedicht einer fallenden Blüte aufs Papier.

Wenn Sie Ihre Empfindung an eine Naturform zu binden vermögen, überwinden Sie das naturalistische Abbild und erreichen die Ebene der Darstellung.

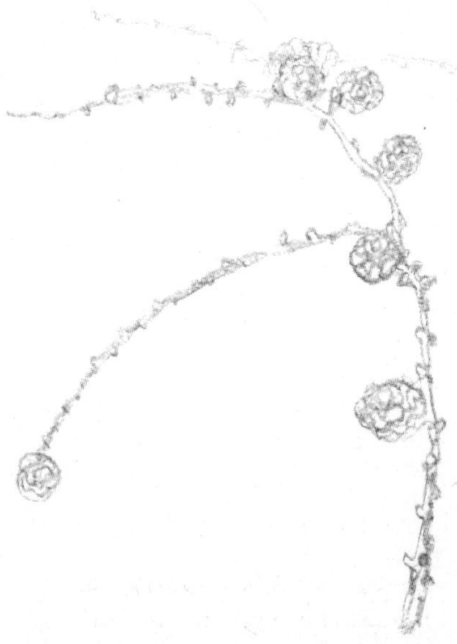

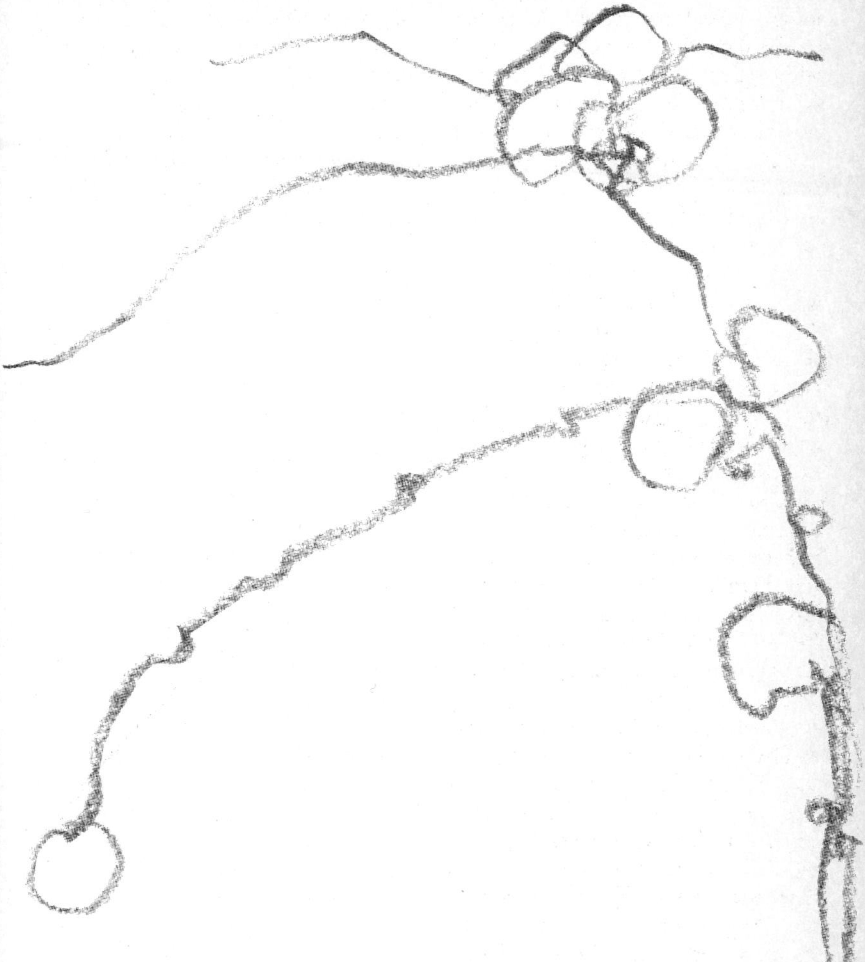

Der Weg vom bloßen Abbilden einer Pflanze zur eigengesetzlichen Zeichnung, die aus sich selbst heraus spricht, setzt übende und aufmerksame Beschäftigung mit dem Modell voraus. Das Ergebnis hängt nicht vom Motiv – hier ein Lärchenzweig –, sondern von der Intensität des Zeichnens ab.

10 Keimen, Entfalten, Welken

Auf ihrem Lebenskreis vom Keimen des Samenkorns bis zu ihrem Absterben sucht die Pflanze ihre artgemäße Gestalt und Größe zu erreichen. Der Keimling wächst, bis er voll ausgebildete Blätter entwickelt hat. Das Gewebe der Jungpflanze ist wasser- und eiweißreich, es wirkt dadurch zart und kindlich-prall. Die fleischigen Keimblätter zeigen keine Gliederung, unabhängig davon, wie sich die späteren Laubblätter der Art teilen, verästeln oder in Randzähnchen auslaufen. Die Pflanze strebt aus dem Samen heraus gleichzeitig in zwei Richtungen: mit ihren Wurzeln in die Tiefe des Erdreichs, mit ihrem Trieb, der sich zur Sproßachse entwickelt, hinauf ins Licht. Die Blätter breiten sich hauptsächlich in die Waagerechte aus, aber nicht streng und artgemäß unterschiedlich.

Die Stellung eines Blattes wird nicht durch Zufall, Willkür oder den freien Platz bestimmt, sondern von einem allen Blättern einer Pflanze gemeinsamen Prinzip. Diese Ordnung verleiht einem beblätterten Sproß oder Zweig Lockerheit und Anmut. An einem Rotbuchenzweig sehen Sie die ungezählten Blätter auf Lichtempfang etwa waagerecht gestellt. Dem gleichen Zweck dient die Stellung der Zweige an den Ästen: sie bilden in die Waagerechte gebreitete Schirme. Im Frühling oder Sommer empfinden Sie den Buchenwald als Blätterdom aus vielen Kuppeln. Zusammen mit den in grünen Gewölben widerhallenden Vogelstimmen vermittelt Ihnen der zartgrüne Frühjahrs-Buchenwald ein unvergleichliches Raumerlebnis. Die Stellung der Blätter trägt dazu wesentlich bei. In einem vergleichbar dichten Fichtenwald kommt Raumgefühl in ganz anderer Weise auf. Beim Eukalyptusbaum stellen sich die Blätter stets senkrecht ins Licht und drehen sich tagsüber mit der Sonne, um möglichst wenig Feuchtigkeit zu verdunsten. In einem Eukalyptuswald scheint die Sonne durch vollbelaubte Bäume bis auf den

Zeichnen vor dem Blumentopf: Die gezeigte Entfaltung eines Sonnenblumenkeimlings dauerte 31 Tage – ein ständig wechselndes Modell. Über die auf Seite 94/95 skizzierte Gestalt kam die Pflanze schließlich auf meinem Schreibtisch zum Blühen (rechts oben).

Waldboden. Ein solcher Raum schließt sich nach oben nicht ab. Für das Zeichnen von Bäumen sind solche Beobachtungen wichtig. Die Buche, unseren häufigsten Laubbaum, können Sie im ganzen nicht mit ihren einzelnen Blättern wiedergeben. Hier kommen Sie mit Strukturen weiter, welche die Waagerechte betonen. Von der Seite gesehene Umrißformen begrünter Laubbäume lassen sich mit Haufenwolken vergleichen, die zum Horizont hin hintereinander gestaffelte, annähernd waagerechte Untergrenzen zeigen.

Strukturen mit Betonung der Senkrechten finden Sie bei Fichten (aber nicht bei Föhren). Hier hängen die benadelten Endtriebe wie eine Pferdemähne an den unverzweigten Ästen. Dem Zeichnen von Bäumen widmete man an den Akademien einst ein eigenes Fach, den Baumschlag. Sicher zählt die zeichnerische Wiedergabe von Bäumen zu den schwersten Aufgaben des Pflanzenzeichnens. Wir streifen sie nur und geben einige Bildbeispiele.

*Die Formverwandtschaft
von Wolken und Laubbäumen*

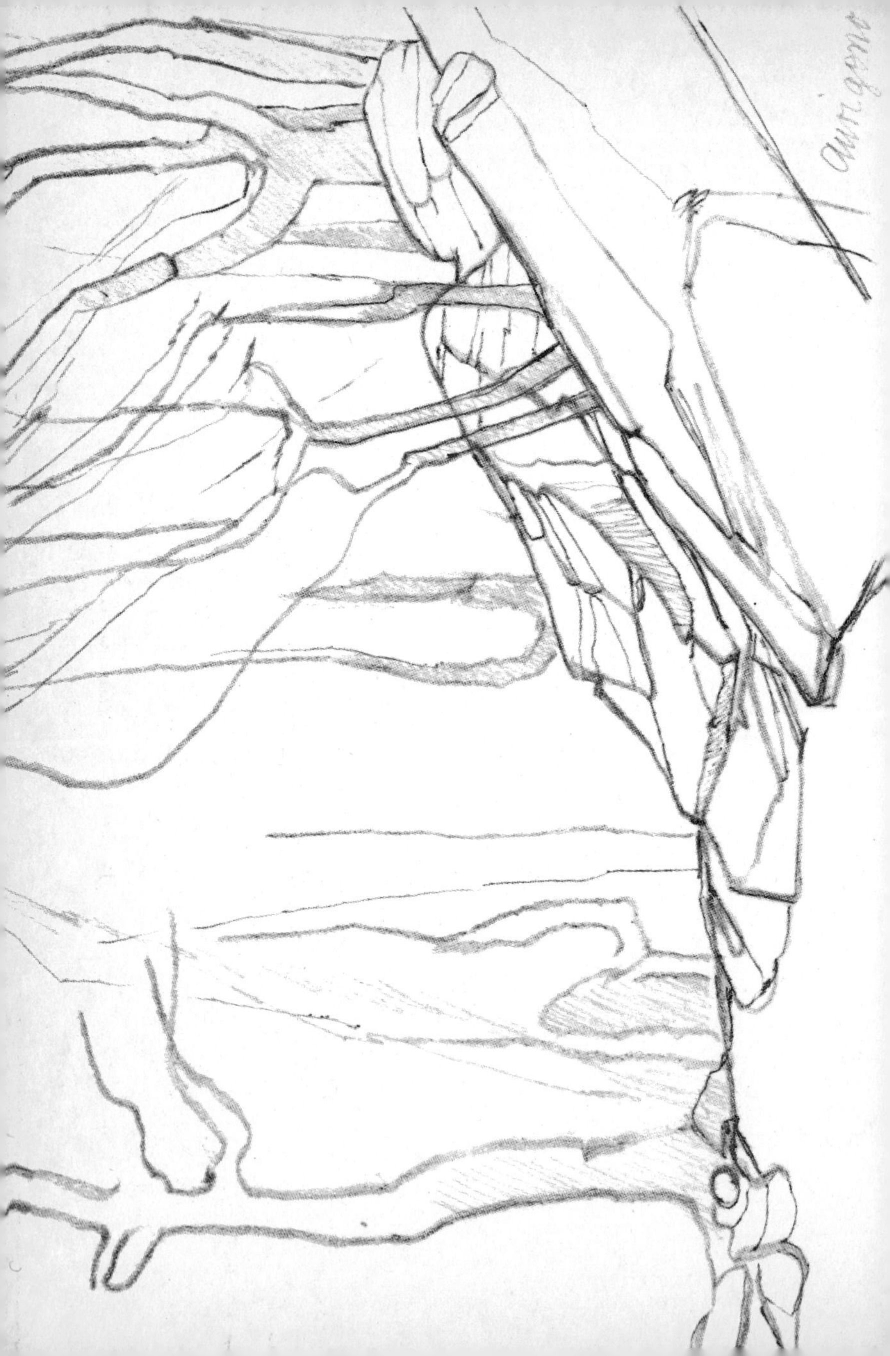

Oben: Skizze und Ausführung einer Sachzeichnung, »Stockwerke des Waldes«. Die grafisch schwierige Aufgabe löste der Zeichner durch Vereinfachung der Baumkronen. Die Vorzeichnung in Bleistift läßt gut erkennen, wie der Laubbaum (Bildmitte) zunächst räumlich herausgearbeitet wurde. Sparsam verwendete Überschneidungen in den Baumsilhouetten bewahren auch in der Reinzeichnung noch eine Andeutung von Räumlichkeit.

Die Kugelschreiberskizze gibt durch die Aussparungen in der Krone das gleißende Mittagslicht der mediterranen Landschaft wieder. Bei ausgeführtem Blattwerk müßte auch schattiert werden, wie stellenweise angedeutet, weil der kugelige Citrusbaum sonst flach und tapetenhaft wirken müßte.
Rechts: Die Geäststruktur eines Winterbaumes.

Linde ohne Laub. Rechts: Agave, Gras und Gehölzgruppe

Im Winter können Sie an Bäumen gut ein artgebundenes Wachstumsgesetz beobachten, das Äste und Zweige wie an einer von außen übergestülpten Form »anhalten« läßt. Ahornbäume und Linden zeigen eine oft verblüffend ebenmäßige Kuppel, so als ob sich die allseitig, aber in sich unregelmäßig aus der Mitte herauswachsenden Äste darüber abgesprochen hätten, wo sie durch ihre Zweigenden eine gemeinsame Umrißlinie bilden. Eine die Einzelsprosse der Pflanze umgreifende Entfaltungsordnung finden Sie auch bei Kräutern und Stauden, wo Blätter und Triebe nicht, wie man annehmen möchte, nur dem Licht zuwachsen, sondern sich ins volle Rund, also auch gegen den sonnenlosen Norden hin, gleich-

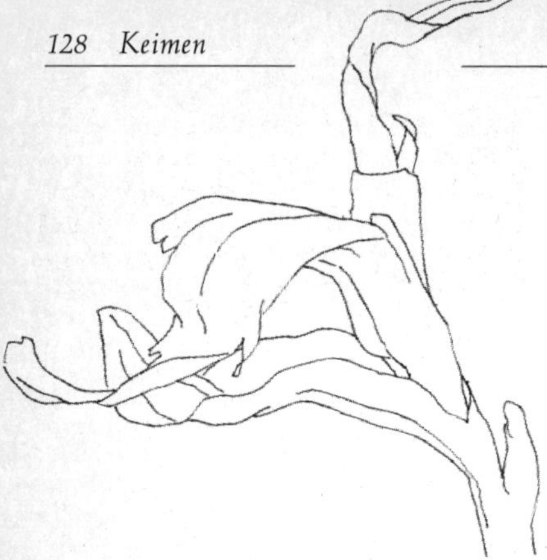

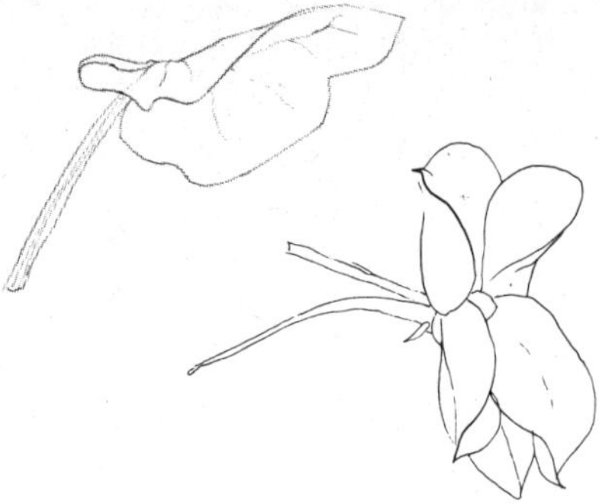

mäßig ausbreiten, so daß auch hier eine im ganzen gleichmäßig ausgebildete Kuppel entsteht. Solche Gesetzmäßigkeit faßt offenbar auch mehrere artgleiche Pflanzen eines gemeinsamen Standortes zusammen, indem es die Gruppe sich wie eine Einzelpflanze wohlgeordnet in den Raum entfalten läßt.

Aus welkenden Blüten und absterbenden Pflanzen zieht sich das Leben, anders als bei Menschen und Tieren, nur schrittweise zurück. Ihr Wachsen kommt zum Stillstand, sie geben der Schwerkraft nach und erliegen ihr schließlich. Ihre Gefäße verhärten sich im Laufe eines Sommers oder eines Pflanzenlebens.

Blüten und Fruchtstände von Schachblume (oben) und Lichtnelke (unten)

Die Zellulose der Stützgewebe verdrängt Eiweiß und Wasser. Blütenblätter erschlaffen, bleichen aus, trocknen ein oder vergehen und sinken zur Erde zurück. Die ermattende Blüte zeigt uns aber, wenn sie befruchtet wurde, kein Ende, sondern den Anfang der Samenbildung. Der Fruchtknoten schwillt zur fleischigen Frucht an. Geneigte Blütenstengel strecken sich erneut oder erstmalig mit der Fruchtreife. Kuhschelle und Schachblume, deren Blüten glockenartig hängen, strecken sich nach dem Abfallen der eingeschrumpften Kronblätter energisch durch und halten ihren Fruchtstand hoch. Eine entgegengesetzte Bewegung können Sie an den Glocken der Märzenbecher beobachten. Auch sie hängen an einem im Unterteil ziemlich gerade aufsteigenden Stengel. Mit der Fruchtreife senkt sich die Samenkapsel in ganzer Stengellänge nach und nach ab, bis sie den Boden berührt. Die Lichtnelken blühen leicht geneigt, ihre Fruchtstände bilden sich mit ihrem Reifen zu oben offenen Bechern aus und werden zuletzt kerzengerade zum Himmel gehalten. Gleichzeitig verholzen die

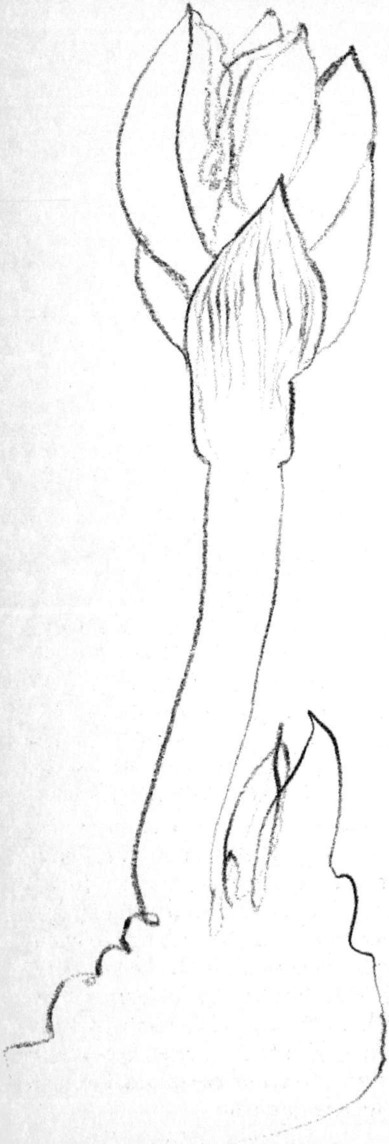

vorher grünen Stengel zu starren Stäbchen. Geht ein Mensch oder Tier durch die Wiese, so federn sie unter dieser Berührung durch und streuen im Zurückschwingen ihre Samenkörner aus.

Solche leicht nachzuvollziehenden Beobachtungen geben dem Zeichner Gewißheit, daß Wuchsweise und Stellung der Pflanzenorgane sinnvoll aufeinander abgestimmt sind, daß sie mit jeder Einzelheit, die wir entdekken, Lebensvorgänge ausdrücken.

Sprießen, Blühen und Welken

Die Pflanze begegnet uns in drei gut unterscheidbaren Zuständen:
Das Keimen und Knospen in einfachen Formen,
die allseitige Entfaltung mit ihrer Formen- und Raumesfülle,
das Zusammenziehen der Kräfte auf die Frucht und das Zurücksinken des Pflanzenkörpers oder seiner vergänglichen Teile.
Auf den ersten Blick gibt das erste Sprießen der Pflanze zeichnerisch wenig, üblicherweise zeichnet man das nicht. Der Entfaltung ist mit dem Höhepunkt des Blühens Aufmerksamkeit sicher. Das Einmünden der Pflanze in den absteigenden Kreis übersehen wir oft nach dem Schauspiel des Blühens. Und doch wird der fortgeschrittene Zeichner, der sich eingehender mit Pflanzen beschäftigt, gerade im Erleben des Ansteigens, des Ausbreitens und des Zurücksinkens etwas vom Wesen der Pflanze begreifen und dann auch darstellen können. Hat man die ersten Fähigkeitsstufen des Zeichnens einmal erstiegen, dann helfen formale oder technische Winke nicht mehr weiter, ja, das anfangs so wichtige Üben gewährleistet keine deutlichen Fortschritte mehr. Dann gilt es, sich einfühlend und erkennend mit den Gegenständen oder Lebewesen tiefer auseinanderzusetzen, die man darstellen möchte.

Blattentfaltung einer Topfpflanze

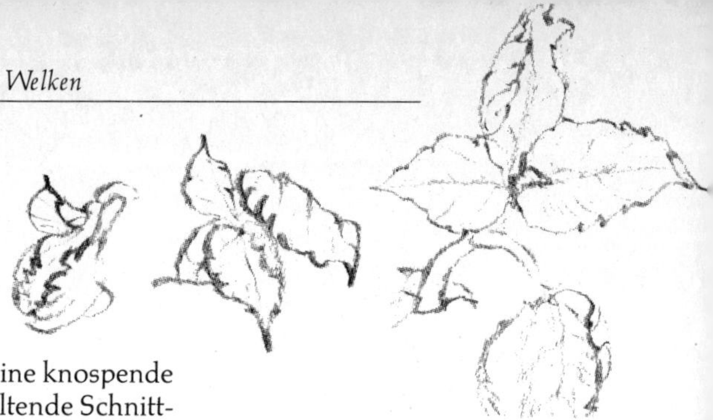

Übung: Zeichnen Sie eine knospende oder gerade sich entfaltende Schnittblume in der Vase über Tage und Wochen hinweg in jedem Zustand des Blühens, Welkens und Vergehens. Zeichnen Sie das »Tagebuch« einer lebendigen Topfpflanze Ihres Schreibtischs. Vielleicht bringen Sie die Geduld auf, eine Pflanze, etwa eine Sonnenblume, schon ab ihrem Keim zeichnend zu begleiten. Haben Sie einen Garten, so säubern Sie einige Blumengewächse nicht vorschriftsmäßig von welkenden Blüten, sondern ermöglichen Sie der Pflanze, zu fruchten und Samen auszubilden. Dafür eignen sich natürlich besonders großblütige Arten. Bei Edelrosen werden Sie in der Regel vergeblich auf die Fruchtbildung warten.

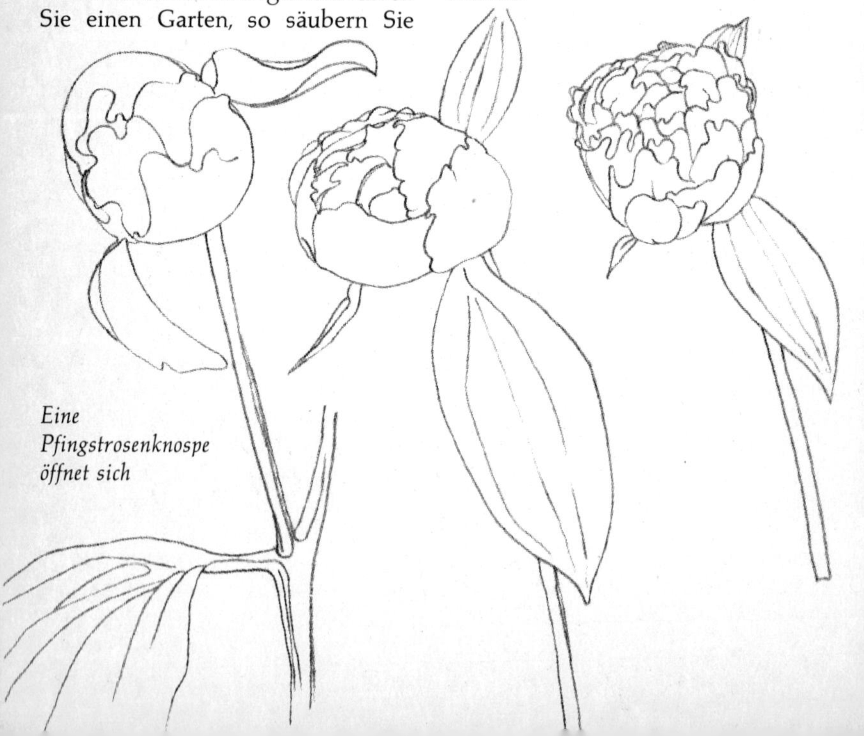

Eine Pfingstrosenknospe öffnet sich

Welkende Rosen

Ausschnitte von Kugelschreiberzeichnungen einer blühenden und fruchtenden Amaryllis. Die Feinstrichmine (Parker), auf Karton gezeichnet, erlaubt ähnlich einem harten, spitzen Bleistift fast keine Modulationen der Strichstärke – und keine Korrektur. Das Verhältnis von Strichstärke und Zeichenformat ist hier zu einer Grenze getrieben, jenseits derer der Zeichenstift das Motiv nicht mehr trägt. Große Formate erfordern in der Regel stärkere, veränderbare Striche.

11 Probleme

Die vorangegangenen zehn Abschnitte warfen Fragen des Pflanzenzeichnens auf, deren Behandlung Fortschritte des Lernenden voraussetzt. Wenn Sie das Buch durcharbeiten, ist es natürlich, daß Sie irgendwo den Faden verlieren und das Besprochene nicht mehr befriedigend in die Wirklichkeit umsetzen können. Fahren Sie ein Auto auf steigender Strecke mit zu hohem Gang, dann spricht der Motor auf Gasgeben nicht mehr an; Sie müssen erst zurückschalten. So ist es auch beim Zeichnen. Verweilen Sie bei der Stufe, der Sie noch gewachsen sind, und üben Sie ohne Zeitdruck oder gespannte Erfolgserwartung dort weiter.
Im persönlichen Zusammenspiel zwischen Schüler und Lehrer bildet das jeweilige Zeichenergebnis den roten Faden, an dem sich beide immer wieder treffen. Ein Buch kann aber nicht stehenbleiben, wo der Lernende gerade steht. Es muß auch den Fortgeschrittenen anregen und ihm angemessene Aufgaben stellen. Andererseits ist es nicht möglich, alle Schwierigkeiten dort, wo sie beim Lernenden auftauchen können, jeweils anzusprechen; das müßte den Umfang einer solchen Darstellung vervielfachen. Die Erfahrung zeigt, daß bestimmte Probleme des Zeichnens nur wenig abgewandelt bei vielen Lernenden anstehen und wenigstens vorübergehend zu Mutlosigkeit führen können. Ich greife im folgenden solche Punkte in knapper Form noch einmal auf und versuche, Hinweise zu geben, in welcher Richtung der Weg, der nur ein übender sein kann, zum Überwinden der Schwierigkeiten führt.

Vorlagenmangel

Die Wachstumsformen des Vegetativen äußern sich nicht nur an einer schönen Gartenblume, sondern an allem Pflanzlichen. Im Sommer kann Ihnen jedes Unkraut, die unscheinbarste Graspflanze als Vorlage dienen, in ein Glas Wasser gestellt oder in einen Blumentopf gepflanzt. Schaffen Sie sich wenigstens für die Zeit intensiven Übens eine oder mehrere Topfpflanzen an. Pflanzliches umgibt Sie auf Schritt und Tritt: Zeichnen Sie Obst, bevor Sie es essen, eine geöffnete Banane führt Ihnen räumliche Überschneidungen vor. Heben Sie im Wald ein kleines Astgelenk auf; im Laub der Bodenstreu mag es unscheinbar aussehen, auf Ihrem Zeichentisch offenbart es Vollständigkeit wie alles, was uns die Natur anbietet. Auch ein Kohlblatt wäre eine Vorlage für eine Meisterzeichnung. Pflanzliches ist immer zur Hand, weil wir von ihm leben.

Der weiche Bleistift erlaubt nicht nur unterschiedliche Strichstärken, sondern auch verschiedene Stricharten. Harte Konturen der aufgerissenen Schale erfordern schärfere Linien, weiche Umrisse der Frucht lockere oder weich unterbrochene Strichführung, erreichbar durch den senkrecht, gleichsam pulsierend geführten Bleistift.

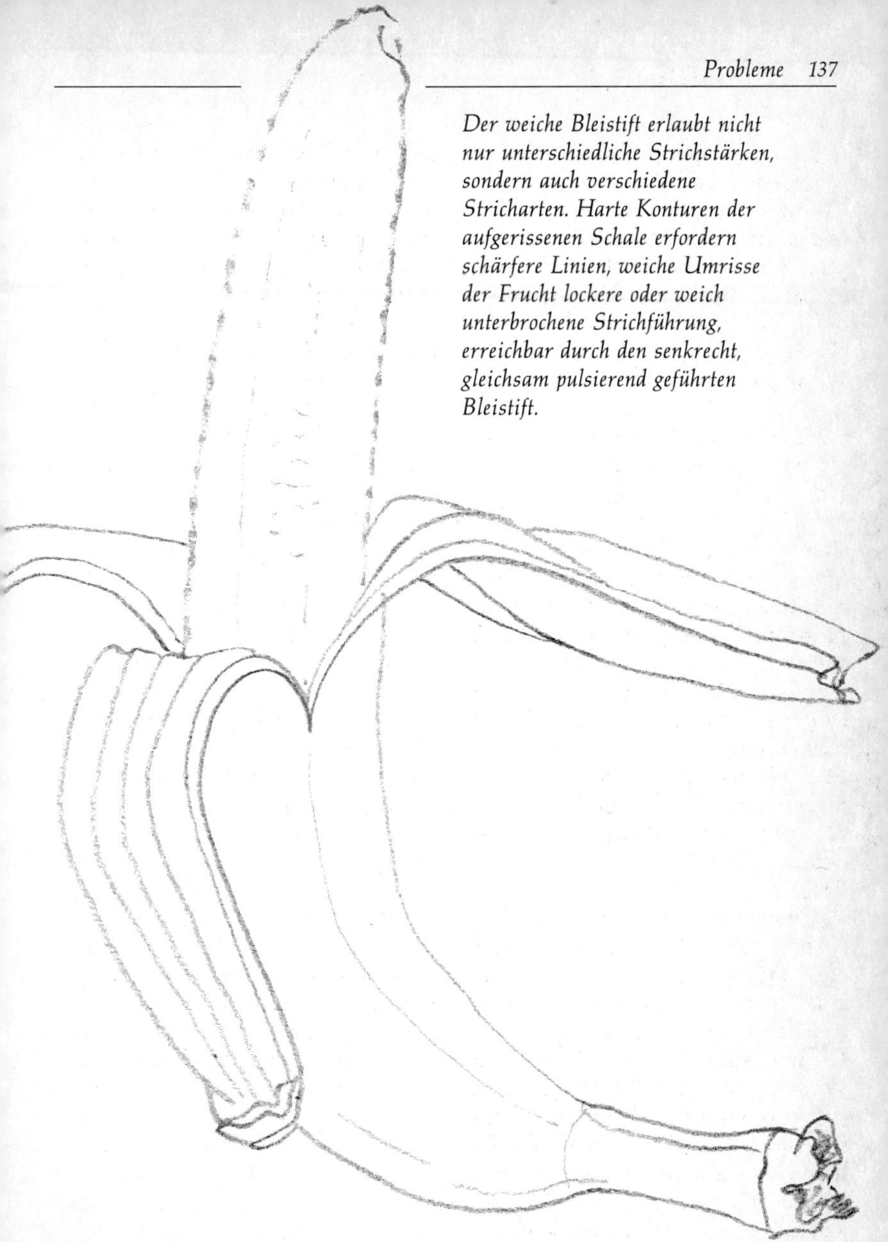

Die räumliche Rosette wird von innen nach außen, nicht von außen nach innen gezeichnet.

Keinen Anfang finden

Sie sitzen vor Ihrem Modell und wissen trotz aller guten Ratschläge nicht, wo und wie Sie mit der Zeichnung beginnen sollen. Die Schwellenangst erhöht sich bei gutem Papier. Versorgen Sie sich mit billigem Papier. Kinderzeichenblöcke aus dem Kaufhaus genügen. Nehmen Sie sich keine »Zeichnung« vor, sondern Versuche, Strichproben, zeugenlose Spiele. Vergessen Sie alle Regeln und setzen Sie unbefangen den ersten Strich. Dann haben Sie den Anfang. Beim fünften Blatt, das Sie dem Papierkorb geben, ist der Fehler des ersten schon ein wenig milder. Beim Zeichnen aus Neigung zählt nicht das Ergebnis, sondern der zurückgelegte Weg, gleichgültig davon, wo Sie anfangen.

Auf Ihrem Blatt Papier aber fangen Sie mit dem Nächstliegenden an, nämlich mit dem Motivteil Ihrer Vorlage, das Ihnen am nächsten liegt. Die hier gezeigte Rosette ist von vorn nach hinten kinderleicht zu zeichnen. Von hinten nach vorn nur unsicher und umständlich. Die hier so offensichtliche Regel übersieht man an schwierigen Motiven manchmal und macht sich die Arbeit dadurch unnötig schwer.

Entsprechend ihren Überschneidungsebenen wird die Blüte (vorteilhaft) in der Reihung 1–7 usw. gezeichnet.

Schülerarbeit

Die Striche gehorchen nicht

Sie sehen einen wunderbar ebenmäßigen und harmonisch geschwungenen Blattumriß, aber Ihr Strich auf dem Papier rundet sich nicht gleichermaßen. Er ist krumm und sieht verwackelt aus, einer Blattkontur denkbar unähnlich. Beginnen Sie nicht mit einem Pflanzenblatt, sondern einfacher: Zeichnen Sie zur Vorbereitung geometrische Figuren, wie Kreuze, Rechtecke, Quadrate, ein Quadrat im Quadrat, ein gleichseitiges Dreieck, den Kreis, ein Spirale, erst von innen nach außen, dann von außen nach innen. Wichtig ist nicht, was dabei herauskommt, sondern Ihr Mitempfinden der Form während des Zeichnens. Schulen Sie Ihr Formbewußtsein während des Zeichenvorganges: *Jetzt ziehe ich eine Waagerechte, jetzt eine Senkrechte.* Das ist keine Kinderei. Kein Zeichner der Welt würde es schaffen, ein vollkommene Gerade ohne Hilfsmittel auf das Papier zu setzen oder gar die Form eines Eis in der Vollkommenheit der Vorlage zu umreißen. Deshalb brauchen Sie sich der Aufgabe nicht zu schämen, auch beim Umreißen der Eiform oder beim Üben anderer Rundungen im Empfinden der Form wach und gegenwärtig zu sein. Mit dem nur halbwegs gelungenen Ei haben Sie schon eine Blattform und gewinnen den Anfang.

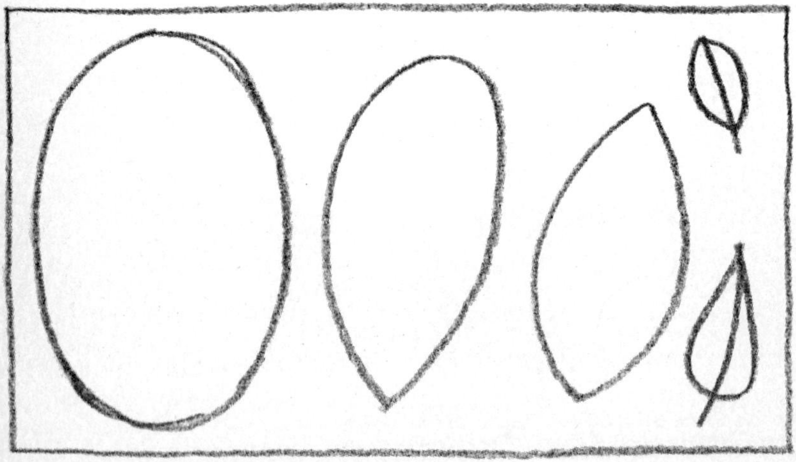

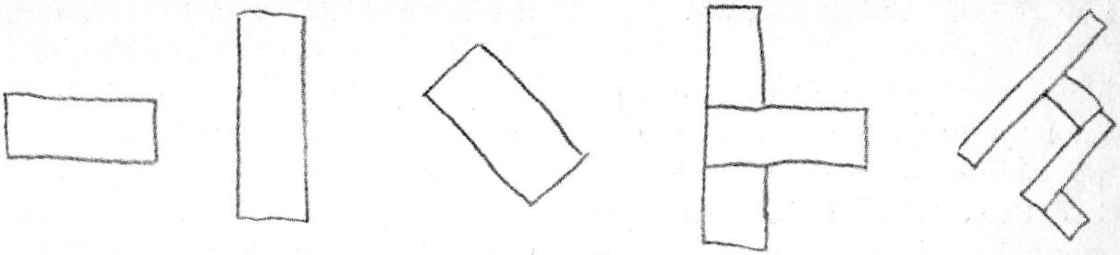

Schülerarbeit

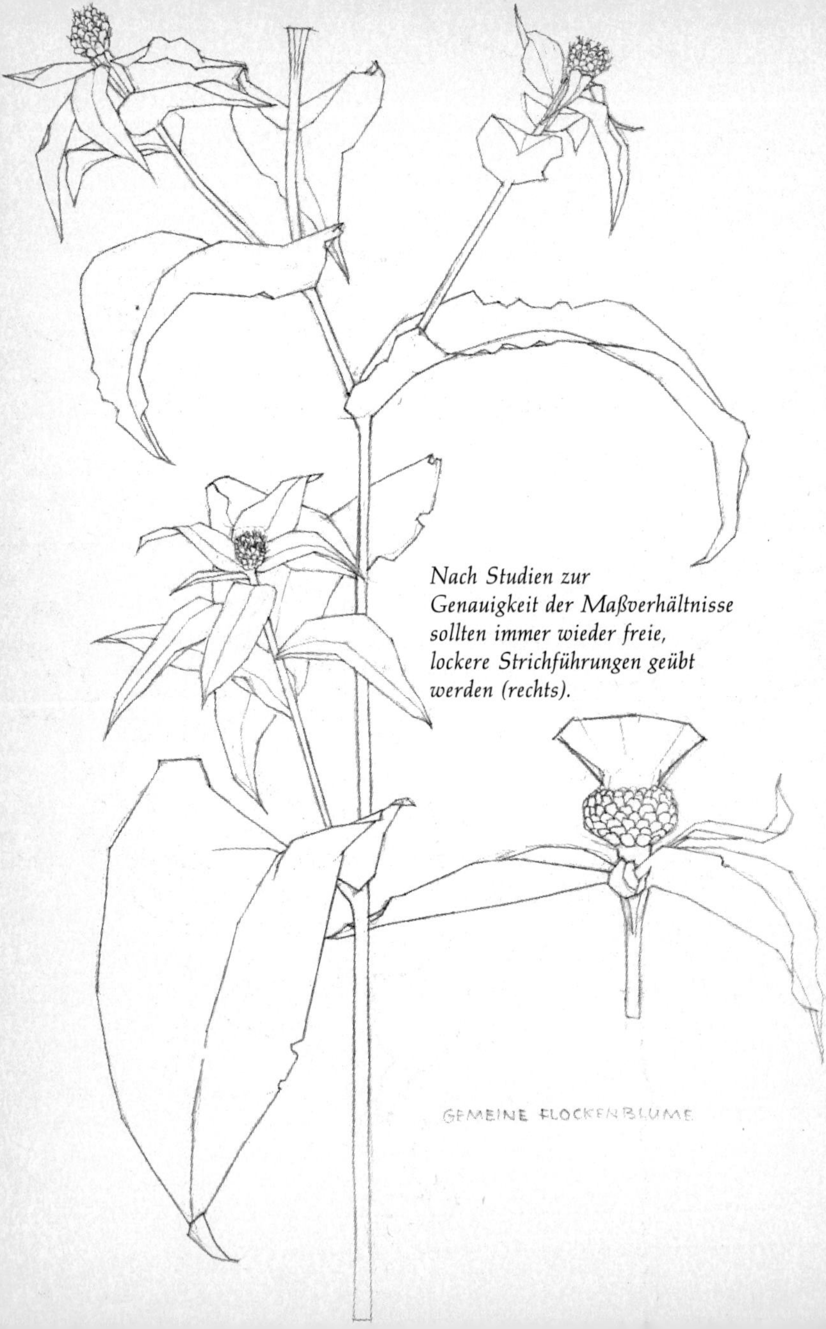

Nach Studien zur Genauigkeit der Maßverhältnisse sollten immer wieder freie, lockere Strichführungen geübt werden (rechts).

Maßlosigkeit

Sie verzeichnen sich oft, weil Sie sich in den Maßen des Modells verschätzen. Die Darstellung von Pflanzen ist nicht so maßempfindlich wie die von Menschen und Tieren, deshalb treten Maßfehler oft gar nicht zutage, jedenfalls werden sie von dem, der sie macht, nicht immer erkannt. Legen Sie auf die Kontrolle Ihres Maßnehmens Wert, was für andere Themen als Pflanzen ausschlaggebend sein kann, dann empfehle ich Ihnen die altbewährte und einfache Bleistiftpeilung: Sie lehnen sich zurück, strecken Ihren Zeichenarm gegen die Vorlage aus und greifen mit dem Daumen die Ausdehnung eines Motivteiles auf Ihrem Bleistift ab. Vergleichen Sie diese Strecke mit anderen Strecken Ihres Motivs und vergleichen Sie das Ergebnis mit Ihrer Zeichnung. Die Methode funktioniert nur, wenn Sie ein Auge schließen; sie gibt Ihnen keine Maße vor, sondern Maß*verhältnisse* einzelner Teile untereinander oder der Teile zum Ganzen. Verzeichnungen rühren bei Pflanzen oft vom falschen Einschätzen eines Linienverlaufs her – nicht nur in seiner Größe, sondern auch in seiner Richtung. Stellen Sie sich dafür jeweils die Senkrechte oder Waagerechte vor und bestimmen – in der Vorstellung – den Linienverlauf, indem Sie sich den Winkel bewußt machen, unter dem die Kontur von diesem Richtungsmaß abweicht.

Peilen und Winkelschätzen dürfen nicht zur Gewohnheit werden, sondern sollten vorübergehend verwendete Hilfsmittel bleiben, die mehr der Kontrolle als der Linienführung dienen. Wollen Sie noch genauer sein, dann tragen Sie einen weitmaschigen Linienraster mit Tusche oder Filzschreiber auf eine Glasplatte, die Sie dann so vor Ihr Modell halten, daß Sie im rechten Winkel auf die Scheibe blicken. Auf Ihrem Zeichenblatt reißen Sie mit hartem Bleistift und kaum sichtbaren Strichen das gleiche Liniennetz an, wobei es nicht auf die absolute Gleichheit der Größe, sondern auf die gleichen Seitenverhältnisse der einzelnen Rechtecke ankommt. Nun haben Sie Ihr Modell in gleiche, leicht überschaubare Rechtecke aufgeteilt und können die gezeichneten Maße leicht an den wirklichen überprüfen. Auch hierfür gilt das oben Gesagte: Freies Zeichnen sollte nicht zum Maßstabreiten werden, schon gar nicht am Thema Pflanzen. Aber wer ständig Schwierigkeiten mit Größe und Maßstäben hat, lernt auf diese Weise Maß zu nehmen. Nach einiger Übung schafft es das Auge ohne Hilfsmittel.

Regelmäßiger Linien-Raster aus Quadraten als Hilfe zum Maßnehmen

Wer ohne Lehrer zeichnet, wie die meisten, lernt Selbstkontrolle am leichtesten, wenn er das gleiche Motiv mehrmals nach der Natur zeichnet und die Ergebnisse zum Vergleichen nebeneinander legt.

Richtig, aber nicht gut

Genaues oder gar pedantisches Maßnehmen und Maßhalten kann zu richtigen Abbildungsverhältnissen auf dem Zeichenblatt, muß aber nicht zu guten Zeichnungen führen. Beim Thema Pflanzen mag das dann am fehlenden Linienfluß liegen. Das Ergebnis wirkt uneinheitlich oder eckig. Hier hilft es nicht, weitere Einzelheiten einzufügen, hier hilft ein neuer Anfang. Zeichnen Sie das Motiv noch einmal. Hüten Sie sich dabei vor einem Abzeichnen Ihrer ersten Arbeit, das führt in die Langeweile. Legen Sie Ihr erstes, unbefriedigendes Blatt beiseite und zeichnen Sie Ihr Modell erneut. Ihre Anstrengung des Erfassens und Umsetzens wird dabei nicht geringer; alles muß wieder abgeschätzt und umgesetzt werden. Aber Sie bauen doch auf den

Nicht immer wird die spätere Arbeit besser als die frühere. Aber man spürt die eigenen Fortschritte am freieren Erfassen des Motivs und seiner Teile.

schon begriffenen Maßverhältnissen und können bei unverminderter Empfindung zügiger zeichnen. Nicht immer, aber meistens wird der zweite Anlauf besser, einheitlicher, lockerer. Selbstverständlich können Ihnen neue Maßfehler unterlaufen, die das erste Blatt nicht enthielt. Doch zählt gerade beim Pflanzenzeichnen der Gesamteindruck einer Arbeit mehr als die formale Stimmigkeit jeder Einzelheit.

Mehrmaliges Zeichnen des gleichen Motivs übt außerordentlich. Es schenkt Ihnen nach und nach größere Freiheit der Darstellung. Sie überwinden das Kleben an der Vorlage und erarbeiten sich aus dem flüssigen Strich heraus Abstraktionen, die nicht einem Ausweichen, sondern einem Beherrschen der Form entspringen. Nur solche Abstraktionen bedeuten zeichnerischen Fort-

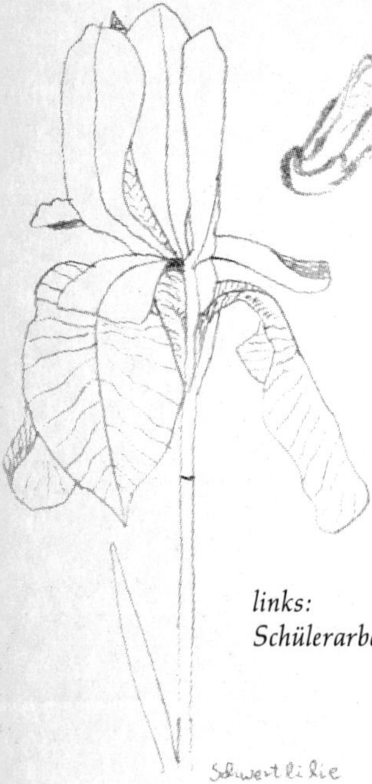

links: Schülerarbeit

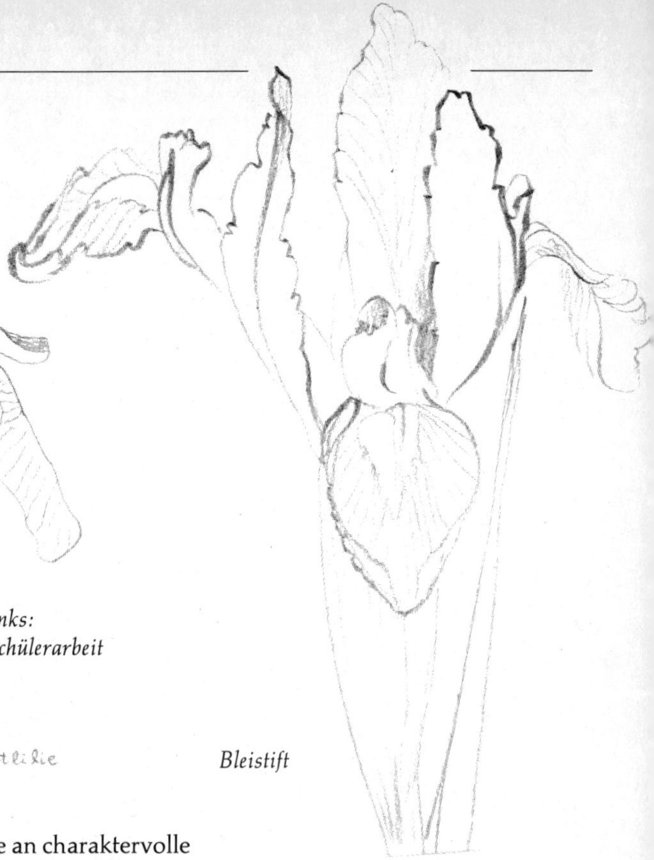

Bleistift

schritt. Denken Sie an charaktervolle Handschriften: Die Vereinfachung oft geschriebener Buchstabenverbindungen zeigen die Harmonie einer gewachsenen und abgeschliffenen Form. Die ausgedachte Abstraktion (oder Handschrift) befremdet. Die Fortentwicklung Ihrer »Handschrift« beim Zeichnen soll, wenn es um Pflanzen oder Naturdarstellungen im weiteren Sinne geht, nie die Grundlage der gesehenen Realität verlassen. Sonst wird Ihr Zeichnen vielleicht gut, aber nicht richtig.

Die Zeichnung schließt sich nicht zur Darstellung

Gegenständliches Zeichnen im allgemeinen, die Darstellung organischer Bildungen bis hin zur Landschaft im besonderen, erfordern Disziplin und Einfühlungsvermögen. Den Durchbruch haben Sie geschafft, wenn die Linien Ihrer Zeichnung vom Betrachter nicht mehr als solche empfunden werden, wenn das Dargestellte

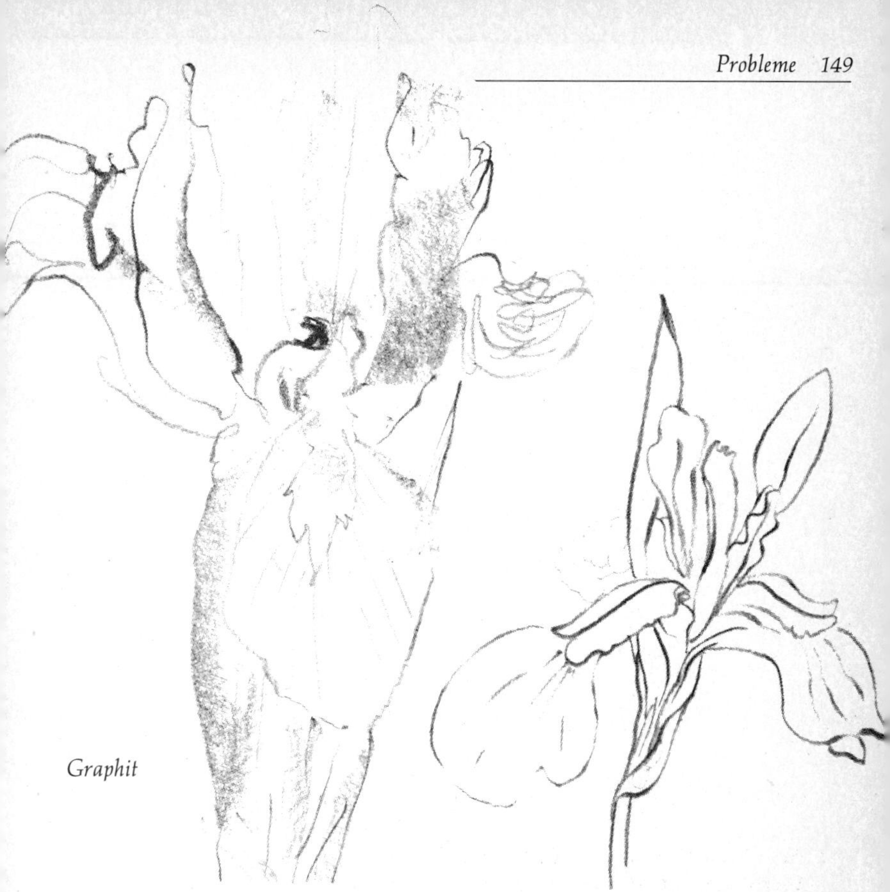

Graphit

unmittelbar in seiner Eigenart auflebt. Dabei kommt es für die Qualität der Zeichnung nicht mehr auf die Ähnlichkeit mit dem Modell an, sondern auf die Glaubwürdigkeit der Darstellung.
Meister ihres Faches zeichnen naturgetreu ohne Vorlage und Modell. Ihre Vorstellung deckt sich mit dem Natürlichen. Bleibt die Zeichnung aber trotz Richtigkeit der Maße im Strichhaften stecken, dann fehlt Ihnen der Schlußstein im Bogen vom Modell zu seiner überzeugenden Darstellung. Hier sind Sie an einem Punkt des Weges, der für viele Zeichner das Erreichbare markiert. Der Weiterweg erfordert kein Mehr an Übung der bisherigen Art oder an handwerklicher Fertigkeit.
Was Ihre mit wachsendem Können möglicherweise zu leicht gewordenen Striche jetzt brauchen, ist das Gewicht der Empfindung. Flott

Auf der Meisterstufe steht Ihnen nicht mehr nur die Regel zur Verfügung, Sie erfinden und erleben deren Inhalt; Sie werden frei, sich über das Regelwerk des Formalen hinwegzusetzen. Hier beginnen die einsamen Wege der Kunst.

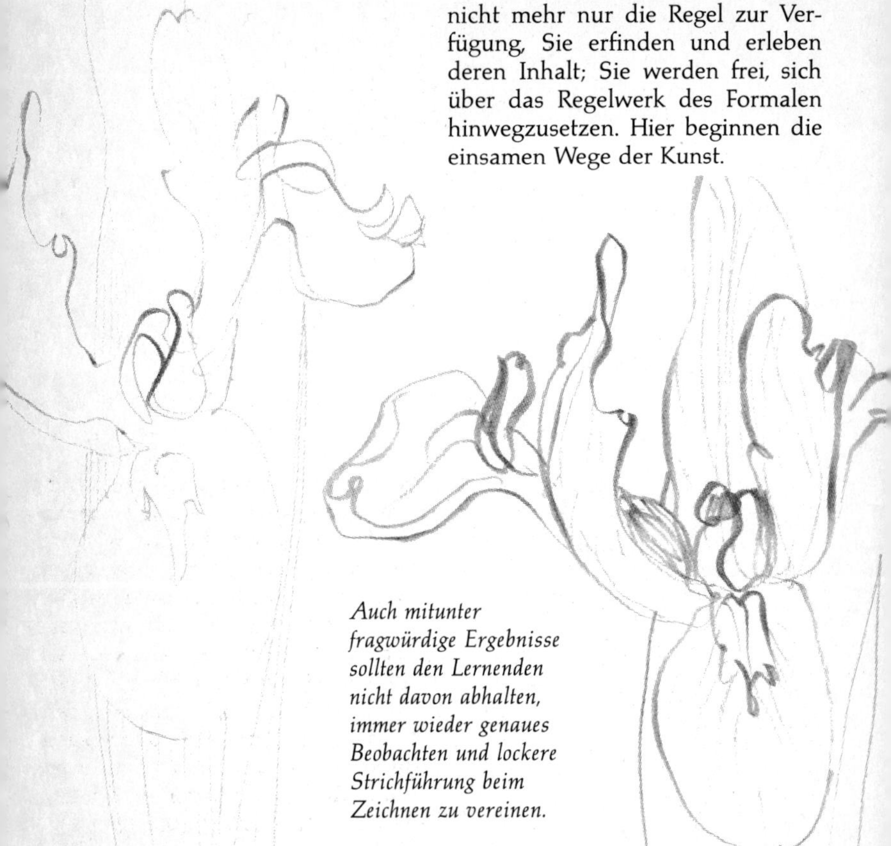

Auch mitunter fragwürdige Ergebnisse sollten den Lernenden nicht davon abhalten, immer wieder genaues Beobachten und lockere Strichführung beim Zeichnen zu vereinen.

zeichnen ist eine Fertigkeit, der die Übung vorausgeht; nachschöpfendes Darstellen eine Fähigkeit, die heranreifen will. Sie setzt alles Können, das Sie sich erwarben, voraus, aber wird durch Können allein nicht gewährleistet.

Erinnern Sie sich meiner Empfehlung, mit der Wachstumsrichtung zu zeichnen. Als eine nützliche Regel soll sie den Zeichner davor bewahren, mechanisch zu arbeiten, einen Strich nicht aus Bequemlichkeit etwa von oben nach unten zu zeichnen,

wenn er von unten nach oben Entstandenes beschreiben soll. Haben Sie Ihr Empfinden für das, was Sie zeichnen, durch Übung so geschult und durch seelische Anteilnahme – eine andere gibt es nicht – so vertieft, daß Sie sich des Gegenstandes oder Lebewesens im besten Wortsinne bemächtigt haben, dann lassen Sie die Regel hinter sich, ohne gegen ihren Sinn zu verstoßen. Auf vielen Stufen des Lernweges kann eintreten, daß Ihre Zeichenfertigkeit Ihr Empfinden für das Gezeichnete zu überholen droht. Dann sollten Sie innehalten, nämlich Ihren Strich verinnerlichen, wieder langsamer werden, Ihrer Sicherheit nicht mehr alles anvertrauen. Erlauben Sie sich, vor der Größe dessen zu zögern, was die Natur Ihnen nachzuschaffen gewährt.

12 Kabinett

Das berühmte Blumenfresko im Umkreis des Minos-Palastes zu Knossos auf Kreta entstand vor mehr als 3 1/2 Jahrtausenden. Seither gaben Pflanzen den Malern und Zeichnern aller geschichtlichen Zeiten Anlaß für meisterliche Darstellungen. Pflanzenformen dienten als Leitbilder künstlerischer Abstraktionen vom griechischen Säulenkapitell bis zum Jugendstil.

Im folgenden finden Sie aus verschiedenen Zeiten Darstellungsbeispiele von Pflanzen, die ich geeignet fand, über das Zeichnen selbst etwas auszusagen. Für den Lernweg des Zeichnens ist es aufschlußreich, alte Pflanzenbilder oder Teile daraus nachzuzeichnen. Sie sollten jedoch nach solchen Übungen immer wieder zum eigenständigen Zeichnen unmittelbar nach der Natur, nach fotografischen Vorlagen oder zu einem Gestalten aus eigener Vorstellung zurückkehren.

Drei Darstellungen aus dem Kräuterbuch des Leonhard Fuchs (16. Jahrhundert)

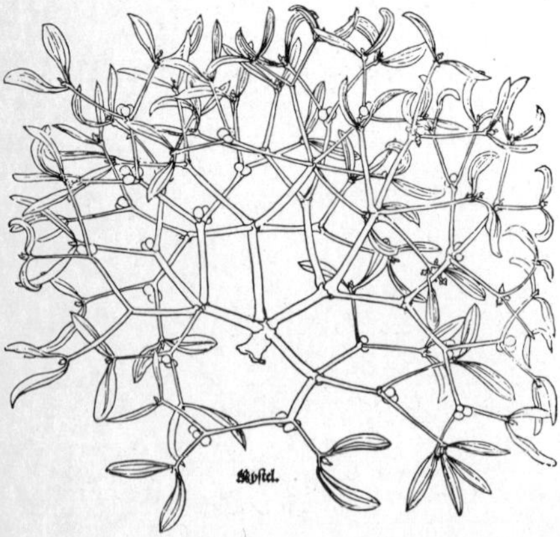

811
TITHYMALVS
HELIOSCOPIVS.
Sonnenwẽdede Wolffsmilch.
YY 4

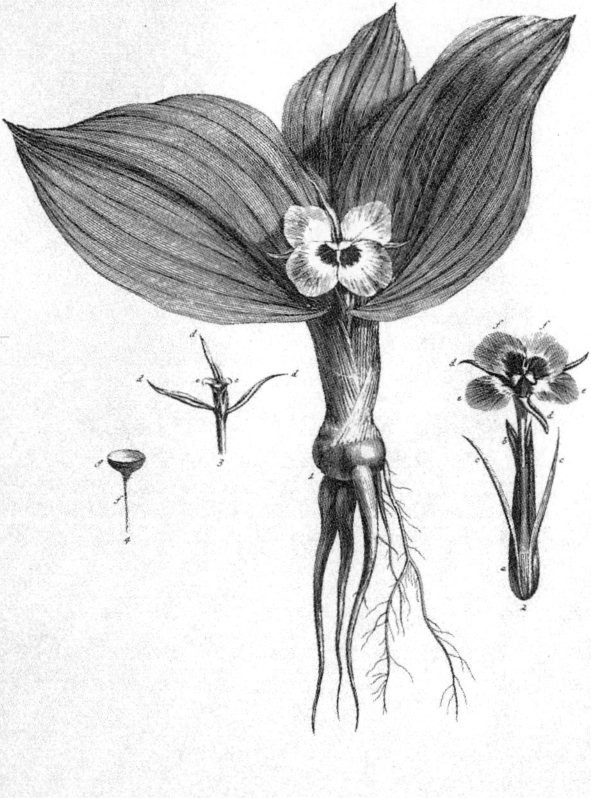

KÆMPFERIA. *Hort. Cliff. p. 2. ſp. 1.*

1. *Planta integra naturali magnitudine.*
2. *Flos.* a. *Spatha exterior univalvis.* b. *Spatha interior apice bifido.* c.c. *Gluma bivalvis admodum tenuis.* d.d.d. *Perianthium.* e.e. *Pelata duo uniformia.* f.f. *Petalum tertium majus bifidum labium inferius conſtituens.*
3. *Perianthium cum* d.d. *laciniis ſuis tribus &* e.e. *Filamento bicorni membranaceo, ſtylum involvente, duabus anteris lateralibus inſtructo.*
4. *Piſtilli* f. *S:ylus &* g. *Stigma, microſcopio viſa.*

J. WANDELAAR delineavit & fecit.

Links: Aus dem Hortus Cliffortianus (18. Jahrhundert)

Oben: Aus einem Kinderlehrbuch des späten 18. Jahrhunderts

Lithographie von 1811

Bleistiftskizze von etwa 1940

Bleistiftskizze einer Glockenblume

Bildnachweis und Bildautoren

Dorothea Desmarowitz, geboren 1940, studierte an der Hochschule für Bildende Künste in Hamburg. Sie zeichnet oder malt Kinderbücher (Otto Maier Verlag, Ravensburg) und arbeitet für Zeitschriften. Zeichnungen: S. 80 links, 82 oben, 83 oben, 124.

Liselotte Erler, geboren 1919, studierte an der Kunstakademie München bei Prof. Emil Preetorius. Sie schuf ungezählte Kostümausstattungen für bedeutende europäische Bühnen. Ein Buch mit Zeichnungen »Figurinen« erschien 1974 im Christians Verlag in Hamburg. Zeichnungen: S. 119, 158.

Franz Meckl, geboren 1948, studierte an der Kunstakademie München. Er lebt als Kunsterzieher und Maler bei Ulm. Verkleinerte Bildreproduktion: S. 54 rechts.

Hans Erwin Steinbach (1896–1971) studierte Malerei in Dresden, Frankfurt und München. Er lebte freischaffend im Allgäu, seine Werke sind größtenteils im Besitz öffentlicher und privater Sammlungen. Zeichnungen: S. 120, 121, 122 unten und 157.

Corinna Steinbach, geboren 1961, genoß keine zeichnerische Ausbildung. Sie übte nach dem Manuskript der vorliegenden Lektionen. Die ins Buch aufgenommenen unkorrigierten Blätter werden dort als »Schülerarbeit« gekennzeichnet: S. 16, 17, 59, 73 unten, 106 (außer oben Mitte), 139 unten, 141, 148 links. *Gunter Steinbach,* geboren 1938, studierte an der Hochschule für Bildende Künste in Hamburg. Er bewirtschaftet einen biologisch geführten Bauernhof im Allgäu und veröffentlicht im Themenkreis Natur.

Fritz Wendler, geboren 1941, erhielt seine Ausbildung in Stahl- und Kupferstich bei Freiherr von Wackerbarth, München, und Professor Bajardi, Mailand. Er lebt freischaffend in Oberbayern. F. W. illustrierte zahlreiche naturkundliche Bücher und schuf ein umfangreiches grafisches Werk für die 20bändige Buchreihe »Steinbachs Naturführer« (Mosaik Verlag, München). Zeichnungen: S. 8, 14, 25, 31, 67, 75, 76, 77, 87, 91 links und unten, 92, 98, 99, 100, 101 oben, 102, 103, 104, 105, 106 oben Mitte, 109 rechts, 122 oben, 123, 125. Ein Teil der im Buch wiedergegebenen Zeichnungen von Fritz Wendler wurde mit freundlicher Genehmigung der jeweiligen Verlage folgenden Büchern entnommen:
B. Münker, Wildblumen, aus der Reihe Steinbachs Naturführer, Mosaik Verlag, München; Die Blumen unserer Heimat, Krüger Verlag, Frankfurt; Der Blumengarten, Heyne Verlag, München; Ziergehölze, Heyne Verlag, München; Der Nährgarten, Nymphenburger Verlag, München, alle von G. Steinbach.

Reproduktionen historischer Pflanzenbilder
(in chronologischer Reihung)

Leonhard Fuchs (1501–1566) war einer der bedeutendsten Gelehrten der Reformationszeit. Als Mediziner lehrte er in München, Ingolstadt, Ansbach und Tübingen. Sein 1542 in Basel in lateinischer Sprache erschienenes Werk »de historia stirpium comentarii« erfuhr erst in der ein Jahr später herausgegebenen deutschen Fassung »New Kreuterbuch« weite Verbreitung. Es enthält über 400 Pflanzendarstellungen auf über 800 Seiten. Albrecht Meyer und Heinrich Füllmaurer hatten unter Fuchs' Anleitung gezeichnet, Veit Rudolf Speckle die nach der Natur wiedergegebenen Motive in Holz geschnitten. Leonhard Fuchs, dem zu Ehren die Fuchsie ihren Namen erhielt, leistete Bahnbrechendes auf dem Gebiet naturgetreuer Pflanzendarstellung, wenngleich die Botanik zu seiner Zeit und bei ihm gleichsam nur als Hilfswissenschaft der Medizin galt. Wiedergaben: S. 44 links, 45 links, 152 und 153.

Adam Lonitzer, Arzt in Frankfurt, gab im Jahre 1578 sein »Kreuterbuch« heraus. Es umfaßt fast 800 Seiten in großem Format und behandelt nicht nur Wildkräuter, Gartenpflanzen und Gehölze, sondern auch Tiere, Steine und Metalle, es enthält ausführliche Anleitungen für das Herstellen von Arzneien und beschreibt Anwendungen. Lonitzers Kräuterbuch erlebte über 20 Auflagen, die letzte 1783(!) und wurde zu einem überaus erfolgreichen Volksbuch. 1934 druckte der F. W. Hendel Verlag zu Maunhof bei Leipzig ein originalgetreues Faksimile in numerierter Auflage, nach der die Abbildungen auf den Seiten 44 rechts,

45 rechts, 78 und 155 reproduziert wurden. Die Holzschnitte seiner Zeichner zeigen das Bemühen nach Naturtreue, erreichen aber nicht die feine, harmonisierende Ausgestaltung der Fuchsschen Darstellungen.

Georg Dionys Ehret, geboren 1708, schuf im Auftrag Carl von Linnés (1707–1778) Pflanzendarstellungen für dessen Werk Hortus Cliffortianus (Amsterdam 1737). Erstmals wurden die Pflanzenarten systematisch erfaßt und mit wissenschaftlicher Genauigkeit bis in ihre Einzelheiten dargestellt. Linné, der Pionier moderner Botanik und naturkundlicher Systematik, lernte Ehret, den gebürtigen Deutschen und gelernten Gärtner, in England kennen. Zeichnungen: S. 18, 19, 79 und 154.

Friedrich Justin Bertuch gab im Jahre 1790 in Weimar und Gotha sein »Bilderbuch für Kinder« heraus, dem Erbprinzen Carl Friedrich von Sachsen-Weimar gewidmet. Sein Werk war für Schulen gedacht und darf als das erste gelungene und bedeutende Kinderlehrbuch der Botanik gelten. Zeichnungen auf S. 155.

Johann Nepomuk Mayrhoffer beherrschte als einer der ersten Künstler die neue Technik des Steindrucks. Alois Senefelder hatte in den Jahren 1796/97 den Druck von Steinplatten (Lithographie) erfunden. Dieser neuartige Weg des Bilderdrucks (Flachdruck) ermöglichte feinste Halbtonwiedergaben in Büchern und eröffnete der naturwissenschaftlichen Buchillustration neue Möglichkeiten. Unsere Darstellung auf Seite 156 schuf Mayrhoffer für das prachtvolle Werk »Flora Monacensis«, das Franz von Paula Schrank im Jahre 1811 veröffentlichte.

Caspar David Friedrich (1774–1840), führender Meister der deutschen Romantik, schuf 1817 den auf Seite 81 wiedergegebenen Holzschnitt »Abend«. Prof. Richard von Sichowsky (†), einer meiner verehrten Lehrer an der Hochschule für Bildende Künste in Hamburg, druckte 1965 vom Originalstock (im Besitz der Kunsthalle Hamburg) auf der Handpresse eine Auflage von 20 Blättern. Die Reproduktion im Buch erfolgte nach einem dem Verfasser freundlicherweise überlassenen Probedruck.

Die historischen Buchillustrationen wurden mit freundlicher Genehmigung der Handschriften-Abteilung der Bayerischen Staatsbibliothek München wiedergegeben.

Die Kinderzeichnung auf S. 6 von Lilli Hampp stellte Hans R. Heppner zur Verfügung.

Alle im obigen Bildnachweis nicht aufgeführten Zeichnungen, alle Fotos und die Ablichtungen gepreßter Pflanzenblätter stammen vom Verfasser.

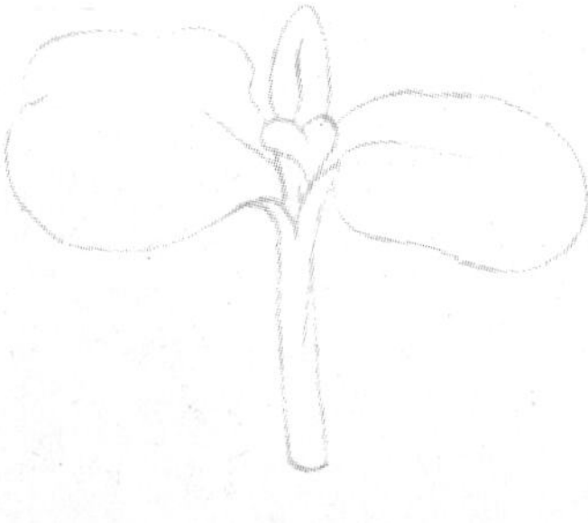